돌봄 선언

The Care Manifesto

돌봄 선언

THE CARE MANIFESTO

상호의존의 정치학

더 케어 컬렉티브 지음
정소영 옮김

니케북스

마침내 돌봄이 전 지구적 관행과 제도들을 바꾸고 우리의 세상을 변모시키는 데 있어서 얼마나 강력할 수 있는지 또 그래야만 하는지를 보여주는 《돌봄 선언》이 나왔다. 돌봄이 이제는 개인적 관심사나 본질적 여성성에 대해 추측하는 도덕주의자들만이 몰두하는 주제가 아니다. 《돌봄 선언》은 돌봄을 신자유주의 이윤 추구에 대한 신선한 비판의 형식으로 제시한다. 《돌봄 선언》은 친족 구조, 젠더 구분에 따른 노동분업, 생태적 활동의 변화를 향한 길을 만들고 진보적인 초국가적 기관들을 이끌어갈 상호의존 원칙을 확실히 한다. 더 케어 켈렉티브는 돌봄 위기의 시대에 설득력 있는 명료함과 비판적 숙고의 역량을 담은 글로 돌봄이 복잡한 역사와 희망찬 미래를 가지고 온다는 것을 상기시킨다. 그들이 지적한 것처럼 옛 영어 caru의 의미 중에는 보살핌, 근심, 걱정, 슬픔, 애통, 괴로움이 포함되어 있는데 우리 시대와 공명하는 단어들이다. 돌봄은 우리 시대를 위한 희망의 정치를 계획하고 그에 생기를 불어넣으며 우리의 삶을 다른 사람들의 삶과 불가분의 관계로 연결한다.

— 주디스 버틀러Judith Butler, 철학자이자 젠더 및 퀴어 이론가,

《젠더 트러블》 저자

《돌봄 선언》은 우리의 경제와 사회를 변화시키자는 혁명적 초대이며 우리가 어떻게 다중의 위기를 헤치고 나와 새로운 사회 구조를 만들 수 있는지에 대한 로드맵이다. 보편적 돌봄 윤리는 인간과 지구를 향한 현 제도의 갈수록 심화하는 무관심에 대한 해독제다. 저자들은 돌봄이 상품이 아니라 실천이며 핵심 가치이고 새로운 정치의 기반이 될 수 있고 또 그래야만 하는 핵심 원칙이라고 이해한다.

— 나오미 클라인Naomi Klein, 환경운동가이자 《미래가 불타고 있다》 저자

우리는 왜 다른 사람의 어려움을 돌보지 않고 걱정하지 않으며 전혀 신경 쓰지 않는 사람들에게 상을 주는 세상에 사는가? 얼마나 더 그런 상황을 참을 수 있을까? 왜 근본적 변화가 필요한지에 대해 중요하고 긴급하며 설득력 있는 논의를 펼치는 이 책에 의하면 이 상황이 더 지속되어서는 안 된다. 《돌봄 선언》은 돌보지 않는 정부와 기업을 비판할 뿐 아니라 대안을 제시한다. 대안이 분명히 있고 우리는 필사적으로 그것이 필요하다.

— 베브 스케그스Bev Skeggs, 랭카스터대학교 교수

이 선언은 전 세계의 진보주의자들에게 행동하기를 요구하는 외침이다. 더 케어 컬렉티브는 기존의 정치적, 경제적, 친족 구조의 조직적 무관심이 인간과 지구에 더 이상 쓸모없다는 것을

드러낸다. 그들은 충분한 규모의 돌봄이 모든 수준에서의 변화를 위한 실질적이고 또 이미 존재하고 있는 시작점을 제공한다는 것을 보여준다.

— 조앤 트론토Joan Tronto, 정치 이론가이자

전 미네소타대학교 정치학과 교수

지구와 서로에 대한 돌봄에 바탕을 둔 경제와 사회에 대한 영감을 주는 혁명적인 요청! 신선함과 동시에 익숙함, 도덕적 명료함과 정치적 요구를 담은 책이다.

— 아비 루이스Avi Lewis, 비영리단체 '도약The Leap' 공동 대표

차례

일러두기

- 이 책은 더 케어 컬렉티브The Care Collective의 《돌봄 선언The Care Manifesto》 (Verso, 2020)을 우리말로 옮긴 것이다.
- 원서에서 이탤릭체로 강조한 부분은 고딕체로 표기했다.
- 주는 모두 각주로 처리했으며, 옮긴이의 주는 (옮긴이)로 표시했다.

우리가 사는 세상은 돌봄의 부재, 즉 무관심carelessness이
지배하는 곳이다. 신종 코로나바이러스 팬데믹은 미국이
나 영국, 브라질 등 여러 나라에서 계속되고 있는 무관심
을 여실히 드러내주었다. 이 나라들은 팬데믹이 닥칠 것
이라는 매우 현실적이고 임박한 위험에 대한 초기 경고를
무시했다. 대신에 먼 미래의, 또는 존재하지도 않는 위협
에 대비한다는 이유로 수십억 달러를 군수물자에 낭비했
고 그 돈은 이미 부자인 사람들에게 흘러 들어갔다. 덕분
에 코로나바이러스에 가장 취약한 이들―의료계 종사자
들, 사회복지사들, 노인들, 기저질환이 있는 사람들, 가난
한 사람들, 그리고 비정규직 노동자들―이 적절한 도움과
지원을 받지 못했다. 또 이를 통해 얻은 교훈들은 그들을
보호할 최선책을 찾기 위해 공유되어야 했지만 대부분 무
시되었다.

하지만 팬데믹이 오기 훨씬 이전에도 돌봄 서비스는 이
미 축소되어 있었고 많은 노인과 장애인들에겐 턱없이 비
쌌다. 병원은 넘쳐나는 환자들로 쩔쩔매며 위기에 처하
는 것이 일상적이었다. 또 노숙인의 숫자는 수년간 증가
했고, 학생의 결식 문제를 다루기 시작한 학교도 점점 늘

어났다. 그러는 한편 다국적 기업들은 요양원들을 화폐가 치로만 환산하고 투자 대상으로 삼아 과도한 외부 자금을 끌어들여 막대한 이익을 거두어왔다. 돌봄 부문의 일자리는 기업의 긱 경제gig economy로 흡수되어 비정규직 노동자들이 흔해졌을 뿐 아니라 과도한 노동에 시달리고 위상은 더욱 불안정해졌으며, 따라서 돌봄 수행 역량도 낮아졌다.

동시에 지난 몇십 년간 사회복지와 공동체에 대한 아이디어들은 급격히 팽창 중인 '셀프케어' 산업이 홍보하는 회복탄력성, 웰빙 그리고 자기계발 등의 개인화된 개념에 밀려났다. 셀프케어 산업은 돌봄을 자신을 위해 각자 개인적으로 돈을 주고 사야 하는 것으로 격하시켰다. 이런 것은 우리가 당면한 돌봄의 문제에 임시방편조차 되지 않는다.

한마디로 우리는 오랫동안 서로를, 특히 가난하고 취약한 이들을 돌보는 것에 실패했다.

비극적이게도 전 세계적인 팬데믹으로 대가를 치른 후에야 우리는 견고한 돌봄 체계가 얼마나 중요한지를 깨닫게 되었다. 더군다나 코로나바이러스는 우리가 상호원조부터 사회적 거리두기, 그리고 자가격리에 이르기까지 새로운 유형의 돌봄을 채택하게 했다. 뉴욕에서 런던, 아테네, 델리까지, 세계 어디에서든 사람들은 돌봄 종사자들에게 응원의 박수를 보냈다. 각국 정부들도 적어도 말로는 그에 동조했고 2019년과는 대조적으로 돌봄에 대한 논의가 모든 곳에서 오가고 있다. 심지어 국가 차원에서도 나라를 위한 돌봄이라는 명분으로 묵직한 경제지원 패키지를 내놓았다. 이는 기대조차 하기 힘들었던 일이다. 그 자체로 놀라운 일이긴 하지만, 이런 지원 패키지들은 수십 년 동안 조직적으로 방치된 돌봄 인프라와 더 넓게는 돌봄 경제에 대응하기에 충분치 않았다. 게다가 최근의 분석에 의하면 너무 많은 나라에서 이런 지원 패키지들이 부유한 사람들이 혜택을 받도록 맞춰져 있고, 어떤 경우에는 이런 진보적인 듯 보이는 노력이 사실은 극우주의 정부의 정책들을 위장하는 데 사용됐다. 인도의 힌두 민족주의자인 수상

나렌드라 모디Narendra Modi는 수상Prime Minister이 직접 돌본다는 의미의 'PM 케어'라는 복지 패키지를 내놓으며 누구보다 돌봄 지원에 앞장섰다. 하지만 그는 동시에 카슈미르족에 대한 무자비한 탄압과 이슬람교도 이민 노동자들을 불법화하는 정책을 부단히 진행하고 있다.

결국, 불안정한 요즘 우리는 돌봄에 대해 더욱 많은 이야기를 듣고 있지만, 무관심은 계속 우리의 삶을 지배하고 있다. 우리의 선언문은 바로 이런 돌봄의 결여를 바로잡기 위해 쓰였다.

돌봄의 위기는 지난 40년 동안 특히 심각해졌는데, 이는 많은 나라가 수익 창출을 삶의 핵심 원리로 보편화하는 신자유주의적 자본주의 원칙을 받아들이면서다. 이는 곧 금융자본의 이익과 흐름을 조직적으로 우선시하는 반면 복지국가와 민주적 절차와 제도들을 무자비하게 파괴하는 것을 의미했다.

우리가 보아왔듯이 이런 종류의 시장 논리는 현재 팬데믹 통제 역량을 현저히 줄어들게 한 긴축정책으로 이어졌다. 많은 병원이 의료 종사자들에게 필요한 가장 기본적인 개인용 보호장구도 제대로 갖추지 못한 채 방치된 것이다.

그러나 돌봄과 돌봄 노동의 폄훼에는 더 오랜 역사가 있다. 돌봄은 대체로 여성, 여성적 또 '비생산적'이라고 여겨지는 돌보는 직업과 연관되어 오랫동안 평가절하되어 왔다. 그래서 돌봄 노동은 변함없이 저임금과 낮은 사회적 지위에 묶여 있었다. 고도의 훈련을 거친 엘리트 계층을 제외하고는 말이다. 지배적인 신자유주의 모델은 단순히 더 오래된 평가절하의 역사를 이용해 불평등을 변형하고 재구성하고 또 심화했을 뿐이다. 어찌 됐든, 신자유주의 주체의 원형은 타인과의 관계를 경쟁과 자기 향상의 틀 안에서만 추구하는 기업가적 개인이다. 그리고 사회조직의 지배적인 모델은 협력보다는 경쟁에 기반을 둔 형태로 나타났다. 다시 말하면, 신자유주의는 돌봄의 효과적인 실천을 수행할 수 없고 돌봄에 관한 개념도 없다. 이는 끔찍한 결과를 초래했다.

팬데믹은 우리 대부분이 제대로 돌봄을 **제공하지** 못하고 또 **받지도** 못하는 결과를 낳은 신자유주의 시장에 의해 자행된 폭력을 극적으로 드러냈다. 우리는 오랫동안 낯선 사람들이나 우리와 거리가 먼 사람들은 돌보지 않아도 된다고 여기도록 부추김을 받으면서, 가장 친밀한 관계에 있는 사람들을 돌볼 수 있는 역량마저 위축되었다. 놀랍지 않은 일이지만, 우익과 권위주의 정부의 포퓰리즘이 유혹적이라는 것이 다시 한번 증명되었다. 무관심한 세상에서 산다는 것이 심각한 문제들과 견디기 어려운 집단적 불안을 내포함을 감안하면, 쉽게 부추겨졌던 것이다. 방어적 이기심은 이런 시기에 번성한다. 안전과 안락에 대한 감각이라는 것이 매우 예민해지면, 다른 사람은커녕 자신을 돌보는 것도 힘들어지기 때문이다. 이런 방식으로 우리가 가지고 있는 돌봄 성향을 '우리와 같은 사람들'을 향하도록 재설정하고 재조정하는 전체주의, 민족주의, 권위주의 논리에 돌봄이 가려졌고 또 계속 가려지고 있다. 다름을 배려하고, 또는 더욱 확장된 형태의 돌봄을 개발하기 위해 우리에게 주어진 공간들이 빠른 속도로 줄어들고 있다. 한나 아렌트Hannah Arendt의 잘 알려진 용어를 빌리자면, 우리가 일상적으로 행하는 무관심이 구조적 수준의 '**평범함**banality'에 젖어들고 있다. 익사한 수많은 난민이나 거리에 점점 많아지는 노숙인들에 대한 뉴스를 듣는 것은 일상이 되어버렸다. '돌보지 않는' 행위 대부분은 무의식 중에 일어난다. 우리 대부분은 필요한 돌봄을 받지 못한 채 고통받는 타인들을 보는 것을 즐긴다거나 가학적·파괴적 충동을 공유하지 않는다. 그러나 우리는 사회적으로 한계 지어진 돌봄 역량과 실천, 그리고 돌봄에 대한 상상력에서 벗어나지 못하고 있다.

여기에서 우리는 묻는다. 우리가 돌봄을 우리 삶의 중심에 놓으면 무슨 일이 벌어질까?

이 선언문에서 우리는 돌봄을 전면에 내세우고 중심에 놓는 정치가 시급하다는 것을 주장한다. 우리가 말하는 돌봄은 '직접' 누군가를 보살피는 것, 즉 다른 사람에게 육체적·심리적 도움을 직접 제공하는 일만을 의미하지 않는다. 물론 이런 차원의 돌봄도 중요하고 긴급하지만 말이다.

'돌봄'은 사회적 역량이자, 복지와 번영하는 삶에 필요한 모든 것을 보살피는 사회적 활동이다. 무엇보다도 돌봄을 중심에 놓는다는 것은 우리의 **상호의존성**interdependency을 인지하고 포용하는 것을 의미한다.

그러므로 우리는 이 선언문에서 '돌봄'이라는 단어를 가족 간의 돌봄, 돌봄 시설이나 병원에서 돌봄 종사자들이 수행하는 직접적인 돌봄, 교사들이 학교에서 수행하는 돌봄, 그리고 다른 필수 노동자들이 제공하는 일상적인

서비스로서의 돌봄을 모두 포함하는 확장된 개념으로 사
용한다. 그러나 또 돌봄은 사물도서관Library of things[1], 협
동조합 형태의 대안경제나 연대경제, 주거 비용을 낮추는
정책들, 화석 연료의 감축과 녹지 공간 확대를 위해 일하
는 활동가들이 제공하는 돌봄도 포함한다. 돌봄은 누구나
가지고 있는 개인적 능력이다. 이 능력은 이 지구상에 사는
대부분 사람과 생물체들이 번성하고, 지구도 함께 번성할
수 있도록 하는 정치적·사회적·물질적·정서적 조건을 마
련한다.

　이 선언문에서 취한 우리의 접근 방식은 돌봄을 모든
규모의 생명체에 활성화되어 있고 필요한 것으로 이해하
는 것이다. 우선, 우리의 선언문은 현재 무관심의 지배가
어떻게 모든 규모의 삶을 가로지르며 연결되어 있는지 그
속성을 진단한다. 우리는 기후위기를 유발하는 전 지구적

---

[1] (옮긴이) 책뿐 아니라 여러 가지 물건, 특히 가끔 필요하지만 구입
하기에는 부담이 되는 물건들을 대여해주는 공공 도서관을 말한
다. 카펫 청소기, 각종 연장, 주방용품, 스포츠 장비 등 다양한 생활
용품을 빌릴 수 있다.

차원의 문제와 사람보다 이익을 우위에 두는 경제로부터 출발해, 무관심한 국가와 공동체를 거쳐, 무관심의 일상화가 궁극적으로 인간관계의 친밀성에 어떤 영향을 미치는지까지 목적의식을 가지고 살펴본다. 그러고는 다시 개인 간 관계로부터 시작해서 지구적 차원으로 규모를 넓혀가며 살펴본다. 이러한 여정은 현재 우리가 처한 무관심 상태에 대안이 될 만한 돌봄 체계에 대한 윤곽을 그리기 위함이다. 이렇듯 다양한 규모를 넘나드는 구성을 택한 이유는 우리의 돌봄 역량이 상호의존적이라는 것과 무관심한 세상에서는 발휘될 수 없다는 것을 보여주기 위해서다. 관습적으로 돌봄으로 여겨지는 실천들, 예를 들면 양육과 간호 같은 행위에 대해 돌봄을 제공하는 사람이나 받는 사람 양쪽에—즉 우리 모두에게—지원이 이루어지지 않으면, 적절한 돌봄이 불가능하다는 것이다. 돌봄이 역량과 실천으로서, 평등을 기반으로 교육되고 공유되고 사용될 때 가능하다. 돌봄은 '여성의 일'이 아니다. 착취되거나 평가절하되어서는 안 된다. 그래서 우리는 어떻게 또 왜 사회적 무관심이 삶의 수많은 영역을 구성하고 장악하게 되었는지를 보여주면서 돌봄 위기의 속성을 진단

한다. 그런 후 과거의 예와 현재 상황과 미래의 가능성까지를 참고하여 상호연결된 돌봄 체계를 상상해보고 그 밑그림을 그림으로써 해결책을 제시한다. 내일의 정치를 발전시키길 희망한다면 돌봄의 상호의존성에 관한 재고가 오늘날 정치의 중심이 되어야 한다.

무관심한 세상

우리는 가장 다루기 어려운 전 지구적 규모에서부터 시작한다. 우리는 코로나바이러스 팬데믹이 전 지구적 상황이라는 것과 여러 번의 경고에도 불구하고 많은 나라가, 특히 미국와 영국이 이에 대해 치명적인 무방비 상태였다는 것을 알고 있다. 하지만 코로나바이러스가 뉴스 헤드라인을 장악하기 전에도 우리는 전 세계에서 일어난, 예방할 수 있었던 재난에 관한 기사들을 매일 접했다. 유럽의 해안으로 오려다가 지중해에서 익사한 난민들에 관한 이야기부터 뉴델리 같은 도시를 뒤덮은 독성 스모그, 남미에서만 수천에 달하는 여성살해 사건(많은 수의 트랜스

여성[2] 포함)에 이르기까지 말이다. 기후위기는 더 이상 임박한 것이 아니라 이미 우리 눈앞에서 일어나고 있다. 이상고온과 살인적인 산불과 홍수는 이제 다반사가 되었다. 극한 기상 현상은 놀랄 만큼 빈번하고, 가장 취약한 집단을 강타해 공동체를 아수라장으로 만든다. 미국의 가난한 흑인이나 유색인종 집단, 글로벌 사우스[3]의 저지대에 위치한 나라들이 예외 없이 가장 큰 타격을 받는다. 이런 모든 현상은 서로 연결되어 있는데, 각각이 시장 논리에 몰려 사회의 모든 계층에 발생한 돌봄의 결여와 연관되어

2 (옮긴이) 트랜스$_{trans}$는 생물학적 성$_{sex}$과 사회적 성$_{gender}$이 일치하지 않는 상태를 가리키는 형용사다. 우리나라에서는 트랜스를 트랜스젠더의 줄임표현으로 사용하기도 하지만, 신체적 변환을 통해 자신의 성별을 바꾸는 이들을 가리키는 성전환자와는 엄격한 의미에서 구별된다. 트랜스젠더와 반대인 사람, 즉 자신의 신체적 성과 사회적 성이 일치하는 사람을 시스젠더라고 한다. 또 성 정체성과 성적 지향은 구별된다.

3 (옮긴이) 대체로 남미, 아시아, 아프리카, 오세아니아 등 남반구 지역을 포괄적으로 가리키는데, 글로벌 노스라고 칭하는 유럽과 북미 지역 선진국에 대칭되는 개념이다. 경제적 수준이 낮고 정치·문화적으로 주변화된 국가들을 가리킬 때 '개발도상국'이나 '제3세계' 대신 쓰이는 용어다.

있기 때문이다.

　신자유주의적 경제성장 정책이 너무 많은 나라에서 압도적인 우위를 차지하면서 본질적으로 돌봄이 없는 경제성장 중심의 정책 실행이 국민의 안녕을 보장하는 것보다 우선시되었다. 이런 상황에서 다국적 기업들은 전 세계의 희생을 대가로 소수를 부유하게 하는 의제들을 자유롭게 추구하며 빠르게 성장했다. 거대 석유기업, 거대 제약회사, 구글과 아마존 같은 첨단기술 기업들이 다수의 국가보다 더 많은 권력과 부를 가지게 되었고 이들은 누구에게도 책임감을 느끼지 않는다. 더 나아가 이런 신자유주의 정책과 그것이 만들어낸 괴물 기업들은 글로벌 노스와 글로벌 사우스 간에 이미 존재하던 불평등을 더욱 심화시키고 동시에 환경과 관련된 부당함과 전쟁을 조장했다. 또 권위주의 정권과 국수주의 논리가 경각심을 불러일으킬 수준으로 부상하는 데 일조했다.

　그러니 최근 몇 년간 여러 나라에서 좀 더 우파적인 정권이 선출된 것도 놀라운 일이 아니다. 그들은 국가의 벽을 쌓고 경계를 강화하면서, 널리 퍼져 있는 무관심을 부추기고 있다. 물자는 국가 간 경계를 넘어 별문제 없이 유통되지만, 전통적인 국가 간 경계는 '원치 않는' 사람들의 유입을 차단하기 위해 강화되고 있다. 도널드 트럼프 Donald Trump가 치명적인 코로나바이러스가 발생하고 팬데믹 상황임을 마지못해 인정하자마자 취한 즉각적인 대응이 바로 국경 강화였다. 이는 국경의 의미가 이미 완전히 변하고 있는 맥락에서 벌어졌다. 최근까지만 해도 국경은 국가를 구분해주는 물리적 표식에 불과했는데 오늘날에는 국경이 국가 내부까지 파고들어 일상의 면면에 점점 더 많은 영향을 미치고 있다. 예를 들면 영국 국민은 마치 국경 경비대처럼 행동하며 불법 이민자로 의심되는 사람이 있으면 누구든지 신고하도록 부추김을 당하고 있다. 변명할 여지 없이 인종차별적이고 외국인혐오를 나타내는 행위다. 더 나아가 국경 지역에 '회색지대'라고 불리는 곳이 생겼는데, 영리를 목적으로 운영되는 수용소나 프랑스 칼레의 지금은 없어진 '정글'이라 불렸던 난민 캠프 같은 곳들이 자리 잡고 있다. 무수히 많은 '거부당한 이들'(대부분 가난하고 글로벌 사우스에서 왔다)이 어떤 법적 권리나 보호 없이[4] 지옥 같은 무국적 상태의 삶을 견뎌내는 곳이다. 조르조 아감벤Giorgio Agamben의 개념을 빌리자면 '벌거벗은 생명bare life'[5]의 공간이다.

　이러한 전 지구적 차원의 심각한 돌봄의 결여는 **지구 자체의 위기**를 만들었다. 로마클럽의 유명한 1972년 보고서 《성장의 한계*The Limits of Growth*》부터 앤 페티포Ann Pettifor 의 《그린뉴딜 사례*The Case for the New Green Deal*》, 케이트 래 워스Kate Raworth의 《도넛 경제*Doughnut Economics*》에 이르기 까지 많은 경제학자와 환경학자들이 끝없는 경제성장은 환경적 제약 그리고 지구를 사람이 살 수 있는 곳으로 보 전하는 것과 양립할 수 없다고 오랫동안 주장해왔다. 사 람보다 수익을 우선시하고, 화석 연료를 끊임없이 채취하 고 그에 의존하는 글로벌 신자유주의 경제는 전례 없는 규모의 환경파괴를 초래했다. 나오미 클라인Naomi Klein이 최근에 말했듯이 세계는 지금 불타고 있다.[6]

4　Nira Yuval-Davis, Georgie Wemyss and Kathryn Cassidy, *Bordering* (Polity Press, 2019).

5　Giorgio Agamben, *Homo Sacer: Sovereign Power and Bare Life* (Stanford University Press, 1998).

6　Club of Rome, *The Limits of Growth*(1972); Ann Pettifor, *The Case for the New Green Deal*(Verso, 2019); Kate Raworth, *Doughnut*

무너뿐인 돌봄만 남은 시장

신자유주의적 자본주의는 오로지 이윤과 성장과 국제 경쟁만을 중요시하는 경제구조다. 고질적인 돌봄 부족과 사회의 거의 모든 수준에서 드러나는 돌봄의 수치스러운 실패는 시장 중심 개혁과 정책을 추구하는 데 불가피하게 따르는 부수적인 손실로 당연시된다. 시장 중재를 거친 상품화된 돌봄의 특정한 유형들을 제공하면서 신자유주의는 모든 형태의 돌봄을, 그리고 소수의 이윤 추구에 부합하지 않는 돌봄 행위를 심각하게 폄훼한다.

시장이 항상 몇 가지 형태의 돌봄을 중재해온 것은 사실이다. 고대 아테네 광장부터 소상공인, 산업시대의 생산자에 이르기까지 그랬다. 하지만 신자유주의적 자본주의는 '작은 정부'와 더불어 규제받지 않는 민영화된 시장 중심의 경제모델을 내세우며 모든 영역을 시장가치로 축소한다는 점에서 다르다. 사회의 모든 영역을 장악하는 이

Economics(2018); Naomi Klein, *On Fire*(Penguin, 2019).

런 종류의 시장 논리는 최근에 나타난 몇 가지 최악의 무관심 형태에 대한 책임이 있다. 토마 피케티Thomas Piketty를 포함한 경제학자들은 계속 증가하는 소득 불평등이 우연이 아니라 신자유주의적 자본주의의 핵심적인 구조적 특성이며, 아직도 기하급수적으로 확산하고 있음을 생생하게 보여주었다. 신자유주의는 구조적으로 무관심할 수밖에 없다.

신자유주의 시장에서 거래는 우선 대단히 강력한 힘을 가진 시장행위자에 의해 통제되는데 이들은 보이지 않게 서로 연결되어 있고 세계화되었으며 더 많은 '자유로운' 시장을 만들기 위해 대체로 정부에 의존한다. 사실 정부야말로 규모가 큰 초국가적 기업들이 전례 없는 위치에 올라갈 수 있도록 도운 장본인이다. 동시에 그런 시장 거래를 받치고 있는 공급 체인은 방글라데시의 라나 플라자 의류 공장 붕괴부터 캐나다 타르 사막에서의 충격적일 만큼 파괴적인 오일 채취까지 극한 노동과 환경 착취에 관한 이야기들로 가득하다. 글로벌 케어 체인 소속으로 국내에서 일하는 돌봄 종사자들부터 생필품을 차질 없이 생산하고 유통하는 노동을 통해 돌봄을 제공하는 사람들까지, 드러나지 않고 저평가되고 착취당하는 돌봄 노동은 어느 곳에나 있고, 아마도 코로나바이러스로 상황은 더 악화되었을 것이다.

그러나 힘 있는 기업들은 자신을 스스로 '돌보는 기업'이라고 광고하면서 수익구조에 적합하지 않은 형태의 돌봄은 적극적으로 폄훼한다. 유럽의 저가항공사인 위즈 에어는 '더 많이 돌보고, 더 오래 살고, 더 풍요로워지세요'라는 광고 슬로건을 내걸고 '위즈는 돌봅니다'라면서 탄소 배출량을 줄이기 위해 노력한다고 고객들을 안심시킨다. 여기에 숨겨져 있는 것은 주주들을 위해 더 많은 수익을 내려면 **계속 비행을 해야 하니** 죄책감을 좀 덜어내고 싶다는 의도다. '패스트 패션'의 동의어로 불리는 아일랜드의 다국적 의류 기업인 프리마크도 과거에 아동 노동착취로 악명높았다. 그러나 최근에 '프리마크가 돌봅니다'라는 슬로건을 내걸고 자신들이 어떻게 '인류와 지구를 돌보는지'에 대해 설명하면서 새로운 '웰빙 상품'(달콤한 향의 향초와 폭신폭신한 수건)을 프리마크 전 지점에서 판촉하고 있다. 영국에서는 최근 대영가스공사가 무임금 돌봄 노동을 인지하자는 캠페인에 동참했지만, 그들이 환경을 적

절히 돌보지 않는 것에 대한 커져가는 비판에는 아직도 무
응답이다. 우리가 **무늬뿐인 돌봄**carewashing이라고 부르는 이
와 같은 형태의 겉만 그럴싸한 행동에 사회적 책임을 지는
'시민'을 자처하는 많은 기업이 사업의 합법성을 강조하기
위해 동참하고 있지만 사실상 불평등과 생태계 파괴에 일
조하는 것이다. 이러한 기업들은 더 나아가서 그들이 만들
어낸 돌봄의 위기를 새로운 수익 창출의 기회로 삼는다.

　반려동물 돌봄, 아기 돌봄을 제공하는 케어닷컴부터 호
황을 누리는 셀프케어와 '웰빙' 사업까지, 일상적인 돌봄
에 대한 요구가 점점 확대되는 플랫폼 기반 시장으로 흡
수되었다. 건강과 교육을 포함한 전통적인 비시장 영역까
지 시장 논리가 지배하게 되었고, 이로 인해 공공재로서
의 돌봄 자원과 돌봄 역량이 훼손되고 있다. 국가도 정부
차원에서 글로벌 시장에서 최악의 관행들이 쉽게 이루어
지도록 도왔다. 보건의료, 교육, 주거시설 같은 많은 기본
공공재의 골자와 함께 그 유지에 대한 사람들의 책임감을
시장이 앗아가도록 허용한 것이다.

무관심한 국가

1980년대부터 국가의 수장들은—가장 악명 높은 이들로 영국의 마거릿 대처Margaret Thatcher와 미국의 로널드 레이건Ronald Reagan이 있다—모든 종류의 돌봄은 개인적 문제이며 개인이 경쟁적 시장과 강력한 국가의 중추라고 여기게 몰아갔다. 그러한 추동은 자기관리로 위장한 억지 논리이며 선량하고 책임감 있는 시민에 대한 기만적 정의의 일환이었다.

신자유주의 체제에서 이상적인 시민이란 자율적이고 기업가적이며 실패를 모르고 자급자족할 수 있는 사람이다. 그리고 이들의 승승장구는 복지국가의 해체, 그리고 민주적 제도와 시민 참여의 와해를 정당화

한다. 돌봄이 개인에게 달린 문제라
는 생각은 우리의 상호취약성과 상
호연결성을 인지하기를 거부하는
데서 비롯된다.

이는 우리 모두에게, 특히 복지에 의존할 수밖에 없는
상황에서 '실업과 의존을 선호'한다고 일상적으로 비난당
하는 이들에게 냉담하고 무관심한 분위기를 조성한다. 이
와 같은 시각은 최근 영국에서 복지수당 지급을 위해 시
행된 전자화된 보편신용Universal Credit 제도[7]의 바탕에 깔
려 있다. 이 제도는 복지수당 신청자 대부분을 노동시장
으로 내몰도록 고안되었다. 제도 시행 초기, 예산 절감 효

---

7 (옮긴이) 2012년 도입된 이 제도는 노동연령층(16~64세)을 대상
으로 하는 6개의 주요 기초보장 제도를 하나로 통합한다. 이와 같
은 단일화의 주요 목적은 한계공제율을 낮추는 것이다. 즉 각 제도
에서 받는 급여의 합이 일정 수준을 넘을 수 없도록 통제한다.

과는커녕 복지수당 신청자들에게 극심한 고통만 안겨주는 끔찍한 결과들이 나타났다.

대니 돌링Danny Dorling이 《정점의 불평등Peak Inequality》에서 보여주듯이 이런 돌봄과 필수적인 복지 지원의 전반적인 결여는 영국에 고통스러운 사회 분위기를 초래했다.[8] 늘어나는 영아사망률부터 청소년 범죄, 신체적·정신적 건강 문제 증가, 지원 삭감과 공동체 자원의 붕괴로 지속적인 압박감을 호소하는 가족 돌봄자(특히 나이 든 부모나 배우자를 돌보는 사람들)에 이르기까지 사회의 모든 계층이 고통받고 있다. 최근에 가장 두드러진 현상은 특정 집단의 노인, 특히 노동자계층 여성 노인 사망률이 100년 내에 가장 높은 수준으로 치솟고 있다는 것이다. 현재 영국에서는 자살률이 증가하고 있고, 제한적인 단기 치료를 위한 지원이 늘었음에도 정신건강 문제를 치료받기 위한 대기시간이 점점 길어지고 있는 한편, 필요한 돌봄을 받지 못하고 있는 노인이 150만 명이나 된다. 코로나바이러스에 떠밀려 현재 우파 정부가 이전 좌파 정부에서 그림만 그렸던 사회 지원들을 제공하고 있지만, 불공평한 대우와 결합한 심각한 불평등의 전통은 팬데믹이 가장 방치되고 소외되었던 사람들에게, 특히 노인, 여성, 흑인과 아시아인을 비롯한 소수 인종 집단, 빈곤층, 장애인 등에게 가장 큰 타격을 입히게 했다.[9] 글로벌 노스의 다른 지역도 상황이 크게 다르지 않다.

동시에, 지난 몇십 년 동안 영국과 유럽의 다른 여러 나라의 복지 개혁이 소수의 글로벌 기업들에 의해 장악되고 독점당했다. 그 기업들은 자신들이 내세우는 가치도 돌봄도 제공하지 않는다. 앨런 화이트Alan White가 저서《그림자 국가: 영국을 운영하는 비밀 기업들의 내부Shadow State: Inside the Secret Companies Who Run Britain》에서 폭로하듯이 G4S, 서코, 캐피타, 아토스 같은 대기업들이 연루된 권력 남용 스캔들과 고발이 끊이지 않았다. 이들은 영국 국민보건서비스National Health Service(NHS), 법무부, 보호시

---

9   Women's Budget Group, *Crises Collide: Women and Covid-19* (2020).

설, 사회적 돌봄, 장애, 실업에 관련된 기본 제도 운용 계약을 대량으로 따냈고, 따라서 사회의 가장 취약한 계층의 사람을 많이 다루었다, 때로는 아주 비열한 방식으로 말이다.[10] 정부는 자신이 고용한 이 거대 기업들을 효과적으로 통제하지 못하고, 이 '그림자 국가'[11]들이 실제 국가들을 이용해 이익을 취한다. 이러한 국가와 국민에 대한 책임이 없는 민간 부문의 기하급수적인 증가는 우리의 돌봄 역량뿐 아니라—영국의 코로나바이러스 확산에 대한 미흡한 대비에서 보았듯이—민주주의의 가능성까지 훼손하는 재난에 가까운 결과를 가져왔다. 더군다나 많은 국가에서 지역 서비스를 위한 국가 재정지원이 줄어들면서 가장 기본적인 사회복지와 자원의 붕괴를 촉발했고, 이에

---

[10] Alan White, *Shadow State: Inside the Secret Companies Who Run Britain*(OneWorld, 2016).

[11] (옮긴이) 영국식 의원내각제에서 제1야당 소속 당원들로 구성된 부차적인 내각을 그림자 내각Shadow Cabinet이라고 부른다. 내각 중심 정부의 정책과 수행을 비판하고 대안을 제시하는 역할을 한다. 여기에서 거대 기업을 '그림자 국가'라 칭한 것은 그들이 정부 정책에 미치는 영향의 규모와 심각성을 나타낸다.

가장 큰 타격을 입은 곳이 지역사회다. 공공 부문을 희생하며 민간 부문을 지원하는 최근의 경향은 이상하게도 팬데믹 동안 두드러졌는데, 우파 정부에 의해 재정적 희생을 강요당하지 않은 유일한 기관이 대기업이라는 점이 이를 잘 보여준다. 그리고 팬데믹이 지속되면서 우리는 어떻게 이 기간이 영국을 포함한 많은 나라에서 아웃소싱을 늘리는 기회가 되었는지 목격하고 있다.

무관심한 공동체

참담하게도, 글로벌 기업의 상품 사슬로 대체된 공공복지 제공과 자원의 고의적인 축소는 돌봄에 대해 매우 건강하지 못한 공동체적 맥락을 만들었다. 이는 사회적 돌봄 부문에서 가장 두드러진다. 기업이 공공 부문에 있던 요양원들을 장악했다는 것은—이 과정은 정부 정책에 의해 진행되고 강행되었다—자신들이 속한 공동체 안에서 '돌봄을 받던' 사람들이 빈번히 방치된다는 것을 의미한다. 지속적인 착취와 인력 부족, 저임금, 시간적 제약, 부

적절하거나 아예 존재하지도 않는 고용 안정, 교육과 지
원의 결여로 인해 돌봄 종사자들의 역량은 심각하게 위축
되고 있다.[12] 더 나아가 자신들이 일하는 지역사회의 일부
로 견고하게 자리 잡고 있던 소규모·지역 돌봄 사업의 소
멸은 공동체의 결속을 해체하는 데 일조한다.

그런데 '직접적인' 대인 돌봄 시설을 아웃소싱하는 것
은 신자유주의하에서 공동체 돌봄의 유지 가능성을 제거
하는 하나의 방법일 뿐이다. 우리는 또 기업과 민간 사업
자가 공공 부문을 대규모로 사들이고, 지역사회에서 공
유하며 자유롭게 이용할 수 있었던 공간들을 사유화하
는 것을 목격했다. 1986년에 광역런던의회Greater London
Council(GLC)가 없어진 후, 템스강 주변 사우스뱅크에 있
는 크고 멋진 시청과 그 주변 공간이 일본 엔터테인먼트

---

12 Bev Skeggs, 'What everyone with parents is likely to face in the
future', *Sociological Review*, 29 March 2019, thesociologicalreview.
com. 또한 다음을 보라. Bob Hudson, *The Failure of Privatised
Adult Social Care in England: What Is to Be Done?*(Centre for
Health and the Public Interest, November 2016).

기업에 팔렸다.[13] 공공 공간의 파괴는 공유하는 삶을 의식하기 어렵게 한다. 쉬거나 즐기기 위해, 또는 공동의 관심사에 관해 의논하고 협업에 참여하기 위해 사람들이 모일 수 있는 공간이 줄어들었다. 이는 종종 외로움과 고립을 초래하는 경쟁적인 개인주의를 고조시키고, 민주적인 의사결정 과정에 참여할 수 있는 우리의 능력에 파괴적인 영향을 미친다.

줄어든 공공 자원, 사람보다 이익을 우선시하는 문화, 개개인에 집중하도록 하는 사회·정치적 분위기는 민주주의를 발전시키는 데 필요한 공동체적 결속을 도모하기가 훨씬

---

13 Saskia Sassen, *Losing Control? Sovereignty in the Age of Globalization* (Columbia University Press, 2015); David Harvey, *Rebel Cities* (Verso, 2013).

어려워졌음을 의미한다. 이같이 돌
봄이 결여된 세상은 배척과 혐오에
근거해 정체성을 공유하기로 악명
높은 '무신경한' 집단들이 활개 칠
수 있는 토양을 만든다.

여성을 혐오하는 인셀incel[14]과 백인 민족주의 집단이 대
표적인 예다. 그리고 무관심이 삶의 너무 많은 영역에 영
향을 미치면 공동체의 결속은 근본에서부터 약화되어, 가
족이 사회의 우선적인 돌봄 인프라 역할을 하도록 떠민다.

---

14 (옮긴이) 대부분 독신 남성들로 이루어진 온라인 커뮤니티에서 시
작된 용어로 비자발적 순결주의자involuntary celibate의 약자다. 여성
과 성적 관계를 갖지 못하는 데 대한 불만을 여성에 대한 극단적
혐오를 통해 표출하는 것으로 악명 높다.

무관심한 친족

전통적인 핵가족 형태가 아직도 돌봄과 현대 친족 개념
의 기본이 되는데, 이는 모두 최초의 '모성 유대'를 둘러싼
신화에서 파생된 것이다. 이는 성소수자들이 주류로 편입
되는 상황에서도—성소수자들은 핵가족 형태의 모델을
재생산하는 조건으로 주류로 받아들여진다—여전히 남
아 있다. 돌봄의 관계는 확장되지 않았고, 사실은 고통스
러울 만큼 축소되었다.

이런 돌봄 구조는 안정적이지 않고 불공정하다. 핵가족
이 돌봄의 기본 단위가 될 수 없고, 시장에 맡기는 것이
현재 돌봄이 여성에게 기대되거나 여성에 의해 수행되는
데 따르는 젠더 불평등을 해결하는 방법도 아니다. 결국
임금노동이든 무임금노동이든 간에 여성이 대부분의 돌
봄을(전 세계적으로 임금노동의 3분의 2, 무임금노동의 4
분의 3) 떠맡게 돼 있다. 왜 여성이 이 모든 돌봄 노동을
떠맡아야 하는가? 그리고 만일 도와줄 가족이 없다면 어
떻게 되는가—가족에게 거부당하거나 가족을 거부한 사
람들은? 사기업의 돌봄 서비스를 이용할 만한 돈이 없다

면? 이러한 돌봄 체계는 결국 돌봄을 가장 필요로 하는 사람들을 방치하고 소외시키는 결과를 가져오고 최악의 경우에는 필연적이지 않은 질병과 죽음을 불러온다. 오로지 자신과 가장 가까운 친족만을 돌보도록 강조하는 신자유주의는 '자기 것 돌보기'의 편집증적 형태를 초래하는데 이런 태도는 최근 세계적으로 증가하고 있는 극우 포퓰리즘의 시발점이다. 이로써 우리는 전 지구적인 돌봄의 결여에서부터 전통적 개념의 가족에 의지하는 돌봄까지 한 바퀴를 돌아 우리 여정의 출발점으로 돌아왔고, 다양한 규모의 삶의 영역들이 모두 서로 깊이 연결되어 불가분의 관계에 있음을 분명히 보았다.

극우 포퓰리즘의 우세와 팬데믹 이후의 세계에 대한 불확실성 속에서 돌봄이라는 개념은 한없이 축소되어 오로지 '우리와 같은 사람들'에 한정되는 것으로 이해되는 경향이 있다. 정말 끔찍한 상황에서는 포퓰리즘에 휘둘리는 정부가 '다름'에 대한 무관심을 내세울수록 강력한 힘을 얻는다. 이민자의 어린 자녀들이 가족으로부터 강제로 분리될 때, 기후변화로 인해 생태계 전체가 불타버릴 때, 또는 자이르 보르소나루Jair Bolsonaro 대통령이 이끄는 브라질에서처럼 신자유주의 자본 투자에 길을 내어주기 위해 생태계가 고의적으로 파괴될 때 극히 소수만이 안타까움과 분노를 느끼는 것 같다. 트럼프의 미국을 대표하는 이미지 중 하나는 영부인인 멜라니아 트럼프Melania Trump가 가족과 헤어진 난민 어린이들을 수용한 쉼터를 방문하면서 '난 정말 신경 쓰지 않아. 여러분은 어때요?'라는 문구가 커다란 흰색 글자로 쓰인 재킷을 입은 모습이다. 문자그대로 그녀는 '정말 신경 쓰지 않음'을 '실제로' 보여준셈이다. 우리가 무관심의 일상화라고 말하는 현상에 대한 강력한 증거다. 그것은 우리 사회와 개인의 삶을 위해 의존과 상호의존이라는 문제가 사회의 모든 수준에서 얼마나 중요한지를, 그리고 이런 상호의존성이 무시되었을 때 생기는 다층적 파괴를 보여준다.

해결책

우리 삶의 구석구석에 침투한 무관심에 대해 도대체 어떻게 말할 수 있을까? 우리는 급진적 과거부터 돌봄이 코로나바이러스로 인한 응급 상황에서 생명을 구하는 힘으로 두드러진 현재에 이르기까지, 우리가 '돌봄의 실제'라고 부르는 많은 예를 통해 논의를 구체화하고자 한다. 우리는 이 선언문에서 너무 오랫동안 무시되고 거부되었던 돌봄이라는 개념을 구성 원칙으로 삼는 세상에 대한 진보적인 비전을 제안한다. 이러한 비전은 '보편적 돌봄 universal care' 모델을 발전시키는데, 이는 돌봄이 삶의 모든 수준에서 우선시되고 중심에 놓이는 사회적 이상이다.

보편적 돌봄이란 어떤 형태로 나타나든 모든 돌봄이 우리의 가정에서뿐 아니라 친족에서부터 공동체, 국가, 지구 전체를 포함한 모든 영역에서 우선시되는 것을 의미한다.

보편적 돌봄을 우선시하고 실천하기 위해 애쓰는 것, 그리고 이것이 상식이 되도록 노력하는 것이 돌보는 정치,

만족스러운 삶, 지속 가능한 세상을 만드는 데 필요하다.

물론 보편적 돌봄의 비전을 성취하기란 중요한 만큼 어려운 일이다. 우리의 상호의존성을 인정하고 돌봄과 부양의 중심에 있는 보편적인 양면성을 포용해야 한다. 돌봄은 평등하게 배분되어야 한다. 비생산적인 일로도 여성의 일로도 치부되어서는 안 되고, 임금노동 영역에서 가난하거나 이민자이거나 유색인종인 여성들의 일로 떠맡겨져서는 안 된다. 목표는 사회 전체가 돌봄의 보람과 짐을 함께 나누는 것이다. 이러한 비전은 다양한 규모의 삶을 가로질러 가족으로 한정되는 돌봄의 범주를 새로이 규정해 좀 더 확장된 또는 '난잡한promiscuous'[15] 친족 모델을 포용하는 것으로 구현된다. 또 진정한 의미에서 함께하는 공동체적인 삶의 형태를 되찾고, 자본주의 시장의 대안들을 수용하고 돌봄과 돌봄 인프라의 시장화를 거부하는 것으로, 복지국가를 회복해 생기를 불어넣고 근본적인 깊이를

---

15 (옮긴이) 성적 문란함을 뜻하는 단어지만, 여기서는 돌봄의 관계를 맺는 데 대상을 구별 또는 차별하지 않고 가능한 한 많은 사람을 돌보며 그 관계를 무한히 증식해야 한다는 의미로 사용한다.

더하는 것으로, 마지막으로 초국가적인 수준에서는 급진
적인 세계시민주의의 유쾌함과 느슨한 국가 간 경계와 그
린뉴딜을 도모하는 것으로 구현된다.

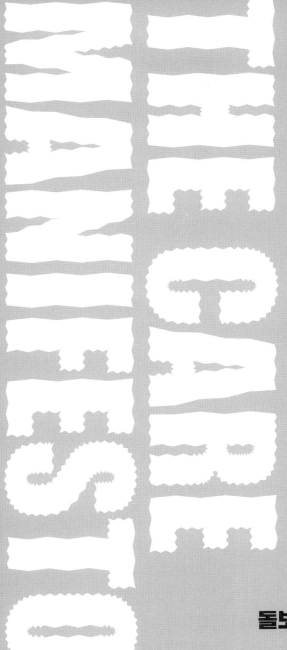

THE CARE MANIFESTO

1장

돌보는 정치

우리는 다름과 거리를 가로지르며 우리의 돌보는 정치에 대한 개념과 함께 광범위하고 포괄적인 돌봄이 가능한 돌보는 세상에 대한 급진적인 비전을 발전시키는 것으로부터 시작한다. 이는 돌봄 역량과 실천이 우리 삶의 각기 다른 규모와 차원에서 다른 형태를 취하기 때문이다. 우리의 전제는 살아 있는 모든 생명체 간의 상호의존성과 본질적인 가치를 인정하는 것이다. 그렇게 하면서 우리는 조앤 트론토와 같은 정치 이론가를 포함한 페미니스트 사상가들의 통찰력을 빌려온다. 조앤 트론토는 누군가를 신체적으로 직접 돌보는 행위를 포함하는 '대인 돌봄caring for'과 누군가의 안위를 염려하며 마음을 쓰는 '정신적 돌봄caring about'과 세상을 변화시키기 위한 이념과 활동에 참여하는 '정치적 돌봄caring with'을 구분했다.[1] 그러나 이러한 분류가 다양한 형태로 구성되고 나타나는 여러 돌봄 역량과 실천을 모두 포함하지는 못한다. 그뿐 아니라 돌봄이라는 보편적 개념과 대가를 받고 돌봄을 제공하는 것

---

1 Joan Tronto, *Caring Democracy: Markets, Equality, Justice*(New York University Press, 2013).

사이에 존재하는 본질적인 역설과 양면성, 그리고 모순에
관해 설명하지 못한다. 그래서 우리는 더 광범위한 분야
의 사상가들과 활동가들을 참고해 우리가 생각하는 돌봄
에 관해 설명하려 한다.

　이는 가까이에서 수행하는 신체적·정신적 돌봄에 대한
개념에서부터 돌봄 인프라와 중요한 돌봄 정치의 본질을
이론화하는 것을 거쳐 낯선 이와 거리가 먼 타인에 대한
돌봄을 개념화하는 것까지 오가는 작업을 의미한다. 돌봄
을 우리 삶의 모든 영역에서 구성 원칙으로 여기기 위해
우리는 돌봄이 가능한 한 넓은 의미에서 해석되는 페미니
즘, 퀴어queer**2**, 반인종차별주의, 생태사회주의 관점을 자
세히 살펴봐야 한다.

2　(옮긴이) 성소수자를 지칭하는 포괄적 단어로 쓰인다. 레즈비언, 게이,
　　바이섹슈얼, 트랜스젠더뿐 아니라 무성애자 등 이성애 규범에서 벗
　　어난 모든 형태의 성적 정체성을 포괄한다. 그뿐만 아니라 영어에서
　　퀴어는 단순히 성적 정체성을 넘어 비규범적 정체성을 포용하는 개
　　념과 관점까지를 포괄하는 개념으로 그 의미의 범주가 변화하고 확
　　장되고 있다. 여기에서도 단순한 정체성이 아닌 성적 정체성과 지향
　　의 다양함을 포용하는 관점까지를 내포하는 용어로 이해해야 한다.

의존과 돌봄

돌봄에 관련된 가장 커다란 아이러니 중 하나는 돌봄 종사자들에게 가장 의존하는 사람들이 바로 부유층이라는 것이다. 그들은 수많은 개인적인 일에 서비스를 제공하는 사람들을 고용한다. 유모부터 가정부, 요리사, 집사, 정원사, 또 집 밖에서 그들의 온갖 필요와 욕구를 보살피는 수많은 사람까지. 사실 얼마나 많은 사람의 지속적인 도움과 관심에 의존하는지가 부분적으로 사회적 지위와 부를 나타내는 표식이다. 하지만 이러한 뿌리 깊은 의존은 부유한 사람들이 가지는 자율성, 다시 말하면, 그들을 돌봐주는 사람들을 지배하고 해고하고 다른 사람으로 대체할 수 있는 능력에 가려지고 부정된다. 부유층은 그들의 의존성을 그들이 고용한 돌봄 종사자들에게 투영한다. 의존의 의미를 저임금 돌봄 노동에 내몰린 사람들의 경제적 종속으로 한정하고, 자신에게 끊임없이 돌봄이 필요하다는 것은 인정하지 않는다.

그와 동시에 만성질환을 앓는 사람 등 가장 돌봄을 받을 자격이 있다고 느껴야 할 사람들이 국가에 돌봄을 신청

해야 할 때 뭔가를 잘못해 벌이라도 받듯 굴욕감을 느끼
는 경우가 많다고 여러 나라에서 보고되었다.[3] 예를 들면
노동연금부 자체에서 발표한 통계에 의하면 수천 명이 근
로 능력이 있다고 판정 받은 후 사망했다. 심지어는 구직
활동을 하는 동안 단기 지원이 필요한 사람들도 징계 제
도의 위협에 일상적으로 시달리다가 심각한 심리적 손상
을 입었고, 이에 대해 정신건강 부문 종사자들도 비난해
왔다. 돌봄에 대한 의존이 인간이 존재하는 조건의 일부
가 아니라, 마치 질병처럼 여겨진 것이다.

   왜 이와 같은 상호의존 양상과 돌봄 그 자체가 계속 평
가절하되고 질병처럼 취급되는 것일까?

   한 가지 이유는 글로벌 노스에서 역사적으로 자율성과
독립심이 '남성적'으로 여겨지고 숭배된 것과 관계가 있
다. 어떤 것에도 통제당하지 않는 남성의 자율성과 독립
심이 '남성성'의 상징으로 남아 있는데 이는 무엇보다도
'부드러움', 돌봄과 의존으로 특징지어지는 가정의 영역과

---

3   Sarah Benton, 'Dependence', *Soundings: A Journal of Politics and Culture* 70(Winter, 2018): 61, 62.

반대되는 개념으로 규정된다. 역사적으로, 또 오늘날까지도 남자들은 분명하고 권위적인 남성성을 보여주어야 한다는 압박감을 느낀다. 특히 최근에는 페미니즘에 자존심을 상처받자 성차별적인 반발에 불이 붙었다. 이렇게 권위적 남성성의 쇠약해진 형태가 지닌 위험성은 오늘날 너무나 명백하다. 높아진 남성 자살률과 공격적이고 무책임한 행동에서 드러난 그 잠재적 병리 현상에 대한 인지는 파괴적인 남성적 원형을 없애는 데 별 도움이 되지 않았다. 미국에서 총기난사 사건의 범인이 대부분 남성—특히 백인 남성—이라는 사실이나 그들 중 다수가 여성에 폭력을 가한 경력이 있다는 점은 우연이 아니다. 문제는 남자들이 여성적 특성으로 비유되는 허약함이나 연약함을 내보이기를 상당히 두려워하는 데서 비롯된다(그리고 이는 종종 계급, 나이, 인종과 또 다른 권력 위계에서 벌어지는 지위 싸움에서 각기 다른 형태로 나타난다). 과거에도 현재도 남자들은 다른 사람들을 돌보고 자신의 의존성을 받아들이는 것에 대해 격려받기보다는 '덜 남성적'이란 이유로 벌을 받아왔다.

그래서 돌봄은 역사적으로 '여성성'
과 연관되어 평가절하되었고, 가정
이라는 영역과 재생산이라는 여성
의 중심적 역할과 묶여 여성의 일로
여겨졌다. 가족의 공간과 가사를 생
산이 아닌 재생산 개념으로 인식하
는 것이 돌봄 노동이 시장에 의해 더
욱 쉽게 착취당하게 하는 요인이다.

저임금 돌봄 노동이든 여성의 무임금 가사노동에 계속
의존하는 것이든 착취는 마찬가지다. 돌봄이 여성의 본성
이라는 생각도 역사가 긴데, 시대에 따라 다양한 형태로
표출되었다. 1950·1960년대에 여성은 행복한 가정주부
라는 이미지에 포위당했고, 베티 프리단Betty Friedan이 '여
성의 신비'라고 부른 이데올로기에 갇혔다. 돌봄은 여성

의 타고난 역량이라는 시각이 일단 결혼을 하면 전업주부
가 되었던 당시 서구의 백인 여성들을 지배했다. 여성들
은 아마도 가정을 돌보는 일이 결혼 후 당연히 맡아야 하
는 역할이라고 생각했을 것이다. 제2세대 페미니즘의 주
요 목표는 집에 갇힌 여성들의 외로움, 좌절감, 우울함을
폭로하는 것뿐 아니라, 여성이 얼마나 자발적으로 어머니
역할과 돌봄을 수행하고 집안일을 하는가와는 상관없이
아이를 키우고 가사를 돌보는 것이 정당한 노동의 (때로
는 지칠 만큼 힘든) 형태임을 주장하는 것이었다.

　그러나 시대는 변한다. 가끔은 그 속도가 아주 빠르다.
오늘날 글로벌 노스에서는 남성 못지않게 많은 여성이 유
급 노동력으로 일하고 있고 자신과 가족을 위한 경제적
자원을 확보하기 위해 어느 때보다도 긴 시간 동안 일한
다. 점점 더 많은 여성이 집에 갇혀 있지 않고 고용시장으
로 나오면서 돌봄의 위기가 다른 모습으로 변하고 있다.
많은 여성에게 유급 노동은 공적인 영역에 참여하는 것뿐
아니라 이중의 부담을 떠안는 것을 의미했다. 유급 노동
과 무임금 가사노동의 이중 부담은 많은 노동계층 여성들
이 **항상** 감당해온 것이기도 하다. 통계에 따르면 남성들이

과거보다는 집안일을 '더 많이 도와주지만' 남성과 여성
이 수행하는 가사노동량의 차이는 여전히 극명하다. 더군
다나 좀 더 경제적 여유가 있는 여성들이 이중 부담을 좀
덜어내는 방법은 대부분 가난한 유색인종 이민·이주 여
성들을 고용해 가사와 돌봄 노동을 떠맡기는 것이다. 이
또한 글로벌 사우스의 여성들이 자신의 아이들은 다른 사
람에게 맡긴 채 돌봄 노동 일자리를 찾아 서구 선진국으
로 이주하는 초국가적인 착취의 사슬에 일조한다. 인종차
별주의는 이렇게 젠더와 글로벌 불평등과 결합하여 돌봄
노동을 평가절하한다. 돌봄 노동자들은 그들의 고용주에
게 없어서는 안 될 만큼 중요한데도 낮은 임금과 빈번한
착취에 시달린다.

  낸시 프레이저Nancy Fraser의 설득력 있는 이론에 의하면
최근에는 전통적인 '남성 부양자male breadwinner' 모델이
'보편적 부양자universal breadwinner' 모델로 바뀌었는데 이
모델에서는 부모가 모두 전일제 노동으로 **과로하도록** 격
려받거나 심지어 강요당한다. 그러나 이것이 해결책일 필
요는 없다. 우리는 자녀 돌봄과 유급 일자리의 평등한 기
회가 모두 중요시되는, 프레이저가 말하는 '보편적 돌봄

제공자'를 전적으로 지지한다.[4]

그러나 우리는 또 이 돌봄 이론을 좀 더 발전시켜 '보편적 돌봄' 개념을 홍보하고자 한다. 이는 돌봄을 삶의 모든 수준에서 우선시하며 중심에 놓고, 직접적인 대인 돌봄뿐 아니라 공동체를 유지하고 지구 자체를 유지하는 데 필요한 모든 종류의 돌봄에 대해 모두가 공동의 책임을 지는 사회적 이상을 말한다.

실질적으로 이것이 '모든 사람이 모든 일을 해야 한다'

4　Nancy Fraser, *Fortunes of Feminism* (Verso, 2013).

는 것을 의미하지는 않는다. 그러나 서로를 돌보고, 자연
을 약탈하기보다는 회복시키고 보살피는 우리의 돌봄 역
량을 증진하는 사회적·제도적·정치적 장치들을 발전시키
고 우선시해야 한다는 것을 의미한다. 보편적 돌봄을 우
선시하고 실천하기 위해 애쓰는 것, 그리고 이것이 상식
이 되도록 노력하는 것이 돌보는 정치와 만족스러운 삶을
구축하는 데 필요하다.

돌봄의 양면성

물론 돌봄을 삶의 모든 규모에서 우선시하며 중심에 놓
는 것에는 많은 어려움이 따른다. 사실 '돌봄'이라는 개념
자체가 역설과 양면성으로 넘쳐난다. 조앤 트론토 같은
페미니스트 학자들이 발전시킨 대인 돌봄, 정신적 돌봄,
정치적 돌봄의 개념 구분은 유용하긴 하지만 다양한 형태
의 돌봄에 불가피한 요소인 상충하는 감정에 대해서는 전
혀 설명할 수 없다. 용기, 사랑, 분노 같은 비슷한 복잡성
을 가진 감정을 설명하는 단어에 비해 돌봄은 그에 걸맞

은 존중과 관심을 거의 받지 못했다. 심지어 신화적·어원적 기원도 혼란스럽다.

영어의 care는 보살핌, 관심, 걱정, 슬픔, 애통, 곤경을 의미하는 고대 영어 caru에서 왔다. 단어의 이중적 의미가 분명히 나타나 있다. 이는 살아 있는 생명체의 요구와 취약함을 전적으로 돌본다는 것, 그래서 생명의 연약함과 직면하는 것이 어렵고 지치는 일이 될 수 있다는 현실을 반영한다.

예를 들면 직접적인 대인 돌봄은 보람과 보수를 떠나 우리를 가장 감당하기 힘든, 심지어 때로는 보기에 가장 혐오스럽고 수치스러운, 죽음을 피할 수 없는 인간의 육체적 면모와 맞닥뜨리게 한다. 어쩌면 많은 사람이 우리가 가장 역겨워하는 일, 말 그대로 다른 사람들의 배설물을 받고 치워주는 일을 하는 사람들은 '그 일에 걸맞기' 때문에 한다고 여기며 마음을 놓으려 할 것이다. 이는 돌봄 노동이 전통적으로 여성이나 하인, 또는 열등하다고 여겨지는 사람들이 하는 일로 치부되었던 또 다른 이유고, 동시에 열등함inferiority이라는 개념을 강화했다. 열등한 사람들은 바로 '비천한' 육체를—우리는 어쩔 수 없이 육체적 존재이고 죽을 수밖에 없다는 사실의 표징인—다루는 일에 적합하다고 여겨지기 때문에 열등하다는 것이다.

타인의 고통에 대한 공감과 염려는 다른 모든 인간의 감정과 같이 변덕스럽고, 종종 다른 필요나 욕망, 또 개인적 만족감이나 남에게 인정받고 싶은 마음 등의 정서적 상태와 부딪치거나 죄책감이나 수치심 같은 감정과 얽히기도 한다. 돌봄 노동에 대한 평가절하는 말할 것도 없고, 돌봄의 어려움, 특히 잘했는지, 제대로 했는지에 대한 불안은 돌봄 관계에서 분노와 공격적 태도를 쉽게 유발한다. 심지어 모범으로 신화화된 경우도 예외는 아니다. 이

것이 바로 로지카 파커Rozsika Parker가 유명한 저서《둘로
찢긴 감정: 모성애의 양면성 경험Torn in Two: The Experience of
Maternal Ambivalence》에 쓴 것처럼 어머니들이 자녀들에 대
해 갖는 혼란스럽고 상충되는 감정들을 인지하는 것이 중
요하다고 페미니스트들이 강조한 이유다. 로지카 파커는
그러한 돌봄의 양면성을 인지하는 것 자체가 활력을 주고
마음을 재생시킨다고 본다.[5]

　긍정적이고 부정적인 감정 모두가 우리의 돌봄 실천과
돌봄 역량에 불가분의 관계로 얽혀 있다. 이는 역량과 실
천으로서의 돌봄이 처한 복합적이고 심오한 어려움 때문
인데, 가까이 있는 사람이든 멀리 있는 사람이든 우리가
타인을 돌보는 것을 가능하게 하는 인프라를 제공하고 확
보해야 하는 어려움을 말한다. 예를 들면 자원과 시간의
문제가 있다. 현대 구직시장의 압박에 당면한 부모와 또
다른 돌봄 의무가 있는 사람들은 외부세계에 있는 도움이
필요한 사람들에게 신경을 쓰기는커녕 그들의 돌봄에 의

5　Rozsika Parker, *Torn in Two: The Experience of Maternal Ambivalence*
　　(Virago, 1995).

존하는 이들을 위한 최소한의 시간을 확보하는 데도 어려움을 겪는다. 친족 단위 수준에서부터 전 지구적 수준에 이르기까지, 돌봄 제공자와 수혜자 모두에게 만족스럽고 창의적인 돌봄 체계를 정착시키고 활성화하기 위해서는, 그리고 인간뿐 아니라 모든 생물체의 전반적인 안위를 도모하기 위해서는, 더 많은 시간과 적절한 물질적 자원이 필수적이다.

충분한 자원과 시간은, 나와의 관계가 가깝든 멀든 다른 사람을 돌보고자 하는 마음이 자연스럽게 생기는 환경을 만든다. 이런 인프라를 확실히 하는 것만이 돌봄 관계—돌봄을 제공하는 쪽과 돌봄을 받는 쪽 모두—에 필연적으로 엮여 있는 부정적인 정서를 조금이라도 해소할 방법이다. 돌봄에 공공 예산을 쓰는 것이 의존을 병적인 것으로 만든다는 주장과는 완전히 반대다. 적절한 재원이 확보되어야만, 특별한 종류의 도움이 필요한 연약한 사람이 누구든 자신이 가진 능력을 개발하고 유지해 자율성을 활성화하고, 그들을 완전히 무력하고 수동적인 병자로 취급하는 시각에서 벗어날 수 있다. 이는 장애인 인권운동가들이 주장하는 자기 결정 또는 '독립'의 **전략적** 중요성에 대한 설명에 잘 나타나 있다. 자율성과 자신의 삶에 대한 통제권이 핵심이며, 그들의 요구가 서로 다름에도 그렇고, 그들의 요구가 서로 다르기 때문에도 그렇다.

> '독립된 삶'은 우리가 모든 일을 혼자 하기를 원한다거나, 다른 사람은 필요로 하지 않는다거나, 고립되어 살고 싶어 한다는 것을 의미하지 않는다. 독립된 삶은 비장애인 형제자매, 이웃, 친구들이 당연시하는 선택과 통제권을 우리의 일상생활에서도 동등하게 갖기를 요구하는 것을 의미한다.[6]

우리는 의존을 병적인 면과 연결하는 왜곡된 시각을 거두고, 우리의 존재는 상호의존을 통해 그리고 상호의존에 의해 다양한 제각각의 모습으로 형성된다는 것을 인식해야 한다.

진정으로 돌보는 정치를 구상하려면 우리의 생존과 번영이 모든 곳에서 언제나 그리고 무수히 많은 면에서 타

---

6   Adolf Ratzka, 'Independent Living and Our Organizations: A Definition', independentliving.org, 1997 참고.

인에 달렸음을 인지하는 것에서부터 시작해야 한다. 돌보는 정치는 이런 상호의존과 그것이 불가피하게 발생시키는 양면성과 불안을 이해해야 한다. 서로의 필연적 다름과 함께 우리가 공유하는 의존성이 내포하는 어려움을 인정할 때 비로소 우리는 모든 사람의 돌봄 역량을 증진하는 기술과 자원의 가치를 온전히 평가할 수 있다. 저마다의 요구가 어떻게 다르든, 돌보는 사람이든 돌봄을 받는 사람이든, 이 두 위치의 호혜성을 인지하면서 말이다. 우리가 모두 돌봄을 제공하고 받아야 한다는 필요를 인지하는 것은 우리가 공통된 인류애를 느끼게 할 뿐 아니라, 인간의 연약함에 대한 우리 모두의 두려움을 '의존하는 사람'이라는 이름표를 붙인 사람들에게 투영하는 대신 그 두려움에 맞서게 한다.

나아가 인간 상호작용의 복잡성을 인지하는 돌봄의 실천은 사회의 모든 수준에서 민주적 절차를 구상하고 온전히 참여할 수 있는 능력을 진작한다. 결국 양면성과 상충하는 감정들을 이해하는 것이 민주주의적 공동체를 이루는 열쇠다. 뒤집어 말하자면 좀 더 돌보는 세상을 만들기 위한 우리의 더 넓은 비전의 핵심 요소인 참여민주주의의 심화를 통해서만 우리는 돌봄의 많은 양면성을 제대로 극복해나갈 수 있다. 그리고 돌봄의 어려움을 완전히 없앨 수는 없지만 일단 우리가 좀 더 돌보는 친족관계, 공동체, 시장, 국가, 그리고 세상을 만들기 시작하면 그 어려움을 완화할 수 있다. 그래서 이후 장들에서 우리는 모든 규모의 삶을 하나씩 차례로 다루고자 한다. 뒷부분에서 설명하겠지만 이런 방법은 집단으로 소유하고 사회화된 유형·무형의 자원, 공간, 인프라 같은 공공재를 창조하고 정의하는 것을 필연적으로 포함한다. 그러나 현재 돌봄 체제가 돌봄을 가능한 한 친족 수준의 문제로 제한하려 하기 때문에 현재 체제에 대한 비판과 그것을 대체할 체제에 대한 구상을 가족에서부터 시작하고자 한다.

THE CARE MANIFESTO

2장

돌보는 친족

돌봄의 범위를 확대함으로써만—우선 친족의 개념을 확장함으로써—비로소 우리는 보편적 돌봄을 이상으로 삼는 돌보는 사회를 구축하는 데 필요한 심리적 인프라를 완성할 수 있다. 우리는 이 장에서 다양한 시대나 장소에서 공통으로 나타난 일련의 돌봄 구조를 참고하고, 대안 친족 구조에 근거하여 우리가 직접 또는 심리적으로 돌보고 또 함께 돌봄을 실천할 수 있는 사람들의 숫자를 배가하는 '난잡한 돌봄'의 윤리를 주장한다. 이를 통해 우리는 돌봄의 여러 형태를 **실험**해볼 수 있다.

돌보는 대안 친족

돌보는 친족관계가 우리 문화와 다르게 형성된 예를 멀리서 찾을 필요가 없다. 필요에 의해서였든 계획에 따라서였든, 핵가족 단위를 넘어선 돌봄은 수 세기 동안 각기 다른 사회에서 각기 다른 정도로 받아들여졌다. 비교적 급진적인 사례도 있었다.

우리 문화에서 아직도 돌봄 관계의 원형으로 칭송되는

'마더링mothering '**1**을 예로 들어보자. 어머니로서 아이를
돌보는 일은 너무 엄격하게 이상화되어, 그 역할을 열망
하고 수행할 자원이 있는 여성들에게도 부담이 된다. 그
러나 다른 문화에서는 마더링이 다른 식으로 이해됐다. 인
종차별주의로 인해 자원이 충분치 않고 생활이 불안정한
아프리카계 미국인 사회에서, 흑인 여성은 어머니의 아이
돌봄을 다른 방식으로 생각했다. 아이 돌봄을 '혈육 어머
니'와 '또 다른 어머니'의 일로 구분한 것이다. 혈육 어머니
는 아이의 생모를 의미하고, 또 다른 어머니는 생모가 아
이를 돌볼 수 없을 때 아이를 맡길 수 있는 여성들의 네
트워크다. 서아프리카 전통에 기반을 둔 이런 친족관계
유형은 미국 흑인 여성들이 노예로 또는 가정부로 착취
당하며 그들의 자녀 대신 백인 자녀들을 돌보게 되면서
새로운 형태로 정착됐다. 또 다른 어머니는 아이의 조모
나 여자 형제 또는 사촌 등 가족 구성원을 포함하고 더욱
중요하게는 이웃들이나 친구들까지 포함한다. 이렇듯 확

---

1 (옮긴이) 어머니로서 아이를 돌보는 행위를 의미한다.

장된 친족 개념은 이미 돌봄의 부담이 과부하된 사회계
층의 돌봄 부담을 완화하고, 공동체의 다른 여성과 돌봄
의 어려움뿐 아니라 돌봄의 즐거움까지 널리 함께 나누
게 한다.[2]

　이와 비슷한 예로 1970년대 제2세대 페미니즘의 일부
로서 아이 돌봄에 대한 실험이 있었다. 아이 돌봄의 부담,
그 가치의 폄훼, 여성의 공적 활동 참여를 막는 수단으로
작동하는 방식, 이런 모든 것이 이 당시 페미니즘 투쟁의
주요 대상이었다. 제2세대 페미니스트들은 다른 해결책을
제시했다. 일부는 집단생활을 제안했는데(남성을 배제하
지는 않았다) 아이 돌봄을 포함해 모든 집안일을 구성원
들이 공평하게 나누어서 함으로써 모든 구성원이 돌봄의
부담과 즐거움을 나누고 가정을 벗어나 외부 활동도 할
수 있었다. 또 어떤 사람들은 충분한 지원을 받는 육아휴
직, 돌봄 협동조합과 탁아소(이곳에서는 종종 좌파 남성

2　Patricia Hill Collins, *Black Feminist Thought: Knowledge, Con-
　　 sciousness, and the Politics of Empowerment*(Routledge, 2000),
　　 pp. 178~183.

들도 일했다) 등 다른 형태의 아이 돌봄을 주장했다.

　이러한 집단 아이 돌봄을 가리키기 위해 우리가 사용할 용어는 '선택 가족families of choice'이다.**3** 이 용어는 제2세대 페미니즘과 함께 일어났던 성소수자(LGBT)들의 정치적 운동과 관련하여 처음 생겨났다. 원래는 아이 돌봄보다는 생물학적 가족은 아니지만 친밀한 관계를 일컬었는데, 특히 성소수자 커뮤니티 구성원들에게 가장 의미 깊은 말이었다. 선택 가족은 비규범화된 성이나 젠더를 표방하는 사람들이 가족으로부터 거부당하자 생겨났고 지금도 생겨나고 있다. 성소수자들은 '게이 동네'로 이사 가서 그들의 돌봄에 대한 필요를 충족시키는 친구나 연인과 함께 살면서 가족 같은 관계를 만들었다. 이는 필요에 의한 것이었지만 돌봄과 친밀함의 관계를 법으로 규정된 이성애 관계를 넘어선 범주로 확장하려는 급진적인 게이 해방운동의 일부로 옹호되었다.

　20세기 후반, 부분적으로는 이러한 사회운동의 영향으

3　Kath Weston, *Families We Choose: Lesbians, Gays, Kinship* (Columbia University Press, 1991).

로 사회가 '탈脫전통화'되면서 대안 친족 구조가 딱히 자신들을 급진적이라고 생각하지 않는 사람들의 생활에까지 퍼졌다. 사회학자 사샤 로즈닐Sasha Roseneil과 셸리 버전Shelley Budgeon이 2000년대 초반에 수행한 연구에 의하면, 영국의 여러 지역에서 1차 돌봄 제공자가 친척이나 배우자가 아닌 친구인 경우가 아주 많았다. 친구들이 같이 살면서 서로의 아이들을 돌보고, 아프고 죽어가는 이들을 위해 고통을 완화하는 돌봄을 수행했다. 문제는, 지금도 여전하지만, 이런 친구 관계에 대한 정부의 인식이 부족했다는 것이다. 그래서 그들에게 의사결정 능력이나 돌봄에 필요한 지원을 충분히 제공하지 않았고 장기적으로 그들의 상황이 안정성을 잃도록 만들었다.

로즈닐은 연구 끝부분에서 '친구'가 우리가 생각하는 돌봄 제공자의 원형으로서의 '어머니'를 대신할 수 있고 '친밀함과 돌봄의 네트워크와

플로우'가 관계의 기초 단위로서의
가족을 대신할 수 있다고 주장했다.
이는 본 선언문의 정신과 완벽하게
일치한다.[4]

 아프리카계 미국인 사회와 아프리카의 많은 지역에 아
직도 존재하는, 1980·1990년대에 발생한 에이즈 위기만
큼 신자유주의와 가부장제가 적절한 돌봄 인프라를 제공
하는 데 실패했음을 잘 보여주는 예도 없을 것이다. 에이
즈 발생 초기 시장은 에이즈가 다양한 지역사회로 퍼지는
속도와 규모에 대응하지 못했다. 당시 가장 큰 타격을 받
은 게이들과 트랜스여성들은 생물학적 가족으로부터도
거부당하는 경우가 많았다.

---

4 Sasha Roseneil and Shelley Budgeon, 'Cultures of Intimacy and
   Care Beyond the Family: Personal Life and Social Change in the
   Early 21st Century', *Current Sociology* 52(2) (2004): 153.

흑표당Black Panters의 공동체 모델과 1970년대 이후 페미니즘과 게이해방운동이 주도하는 보건의료 계획에 기반을 두고 다양한 규모와 정치색을 가진 지역사회 단체들이 출현해 의료 공백을 메웠다. 미국과 영국에서 액트 업 ACT UP, GMFAGay Men Fighting AIDS, 테런스 히긴스 기금Buddies and the Terrence Higgins Trust 같은 단체들이 게이, 레즈비언, 제2세대 페미니스트, 유색인종과 함께 정부, 거대 제약회사들과 일반 대중에게 질병으로 죽어가는 소외된 사람들을 인지하고 돌보도록 촉구하고 동시에 그들에게 돌봄을 제공할 수 있는 이니셔티브를 준비했다. 위기의 규모상 이러한 상향식 노력은 부분적일 수밖에 없다. 그런데도 그들은 중요한 돌봄 관계의 표준이 되는 밑그림을 그렸고 어떤 요소가 돌보는 친족을 형성하는지에 대한 우리의 생각을 변화시킬 만한 생생한 예들을 제시했다. 우리는 이런 종류의 돌봄 네트워크를 '나와 같은 타인'이라고 부르고자 한다. 이는 우리 자신과 비슷한 삶을 사는 타인들에 의해 수행되는 돌봄의 형태들을 의미한다.

'나와 같은 타인'에 대한 돌봄은 현재 디지털 시대에서 흥미로운 모습을 보인다. 디지털 사회학자 폴 바이런Paul

Byron은 소셜미디어 플랫폼 텀블러Tumblr에서 트랜스젠
더들 사이에서 이루어지는 생명을 구할 만큼 중요한 돌봄
실천에 관한 연구를 했다. 지난 50년 동안 LGBT+ 운동
의 성과에도 불구하고 트랜스젠더들은 여전히 가장 소외
된 사회그룹으로 남아 있다. 그들은 다른 사람들보다 더
많은 폭력과 자살의 위험에 노출되어 있고, 필요한 돌봄
을 받지 못하고 있다. 바이런의 연구는 텀블러가 어떻게
트랜스젠더들이 함께 모여 서로에게 돌봄을 제공할 수 있
는 이상적인 공간이 되었는가를 보여준다.[5] 다른 소셜미
디어 플랫폼과는 달리 텀블러는 프로필에 실명 확인을 요
구하지 않아서 익명으로 방문할 수 있다. 익명성은 자신
의 성 정체성을 아직 공개하고 싶지 않거나 공개하는 것
자체에서 생명에 위협을 느끼는 사람들에게 필수적이다.
그래서 텀블러는 전 세계의 트랜스젠더들이 정보와 조언
과 감정적 지지를 나누는 공간이 되었다. 텀블러는 공동
체를 조직하고 소속감을 느끼고 돌봄을 주고받는 공간을

5 Paul Byron, *Friendship and Digital Cultures of Care*(Routledge,
    2020).

제공한다. 이런 현상은 돌봄과 관련하여 디지털 공간(돌봄을 필요로 하는 사람과 비정규직 돌봄 종사자를 이어주는 비효율적인 서비스를 제공하고 이익을 취하는 케어닷컴 같은 착취 모델을 넘어선)의 중요성을 생각하게 한다. 그런 공간은 우리가 알지 못하고 본 적도 없는 사람들을 돌보게 하기도 한다.

다름을 넘나드는 돌봄

우리가 앞에서 설명한 대안 친족 구조는 돌봄을 핵가족 단위를 넘어 생각하게 한다. 그런데 그 개념은 직접적인 대인 돌봄에 한정되어 있고, 어느 정도 구성원 간의 동질성에—설사 동질성이 같은 질병이나 비슷한 세계관을 공유하는 것을 의미할지라도—바탕을 두고 있다. 그런데 다름을 넘나드는 돌봄이라는 돌봄의 새로운 형태를 구상할 때는 '다름'이 특정한 시대나 장소에서 어떤 방식으로 구성되었든 더 많은 어려움이 있다.

여타 주체적 상호의존성 이론가들과 더불어 철학자 에

마뉘엘 레비나스Emmanuel Levinas는 자아는 타인과의 관계를 통해서만 형성되기 때문에 우리는 타인을 돌볼 윤리적 의무가 있다고 주장했다. 이런 주장과 환대 문화에 근거하여 프랑스 철학자 자크 데리다Jacques Derrida는 '낯선 사람'에 대한 무한한 환대의 윤리를 옹호했다. 데리다의 환대 모델의 반향은 유럽 난민 위기에 대한 임기응변적 대응으로 만들어진 여러 웰컴센터는 물론이고 몇몇 예기치 못한 곳에서 볼 수 있다. 예를 들면 아테네 시내 중심에 있는 호텔 시티 플라자는 2016년 4월부터 2019년 7월까지 난민들에게 무단 점유되었는데, 난민활동가들과 그곳에 사는 난민들은 이 프로젝트가 단순히 그곳에 기거하는 난민 400명을 돌보는 것보다 더 큰 의미가 있다고 주장했다. 시티 플라자 프로젝트는 '대안 가족'이라는 용어를 사용하며 시티 플라자가 난민들(대부분 시리아에서 왔지만 에리트레아, 가나, 이란, 소말리아 난민도 있었다)과 유럽연대활동가들European Solidarians[6]에게 '집'이 되도록 힘썼다.

---

6 (옮긴이) 연대Solidarity에서 파생된 신조어로 그리스의 난민 위기 대응에 참여하기 위해 유럽 각지에서 모여든 인권활동가를 칭한다.

돌보는 친족의 개념을 최대한 확장하는 것은 전장에서 군의관이 돌봄의 의무를 부상당한 적군에게까지 확장하는 것과 같다.

어떤 의미에서는, '우리와 같은 사람'을 죽이려고 하는 사람들까지 돌보는 것만큼 돌봄에 대한 우리의 상상력에 도전이 되는 것도 없다. 그런데도 그러한 돌봄의 실천은 히포크라테스 선서뿐 아니라 국제법에도 명시되어 있고 많은 주요 종교의 윤리적 골조를 이루는 밑받침이다. 이는 우리가 돌봄을 현재 우리 사회에 만연한 축소된 형태를 넘어 보다 확장된 의미로 생각하도록 하는 실제 돌봄 실천의 여러 예를 멀리서 찾을 필요가 없다는 것을 보여준다.

이들은 기존의 NGO로 조직화된 전통적인 국제 단체들에 속하지 않고 풀뿌리 형태, 독립적이고 완전한 자원봉사 형태로 활동한다.

'비인간', 즉 동물과 환경에 관련하여 친족관계는 어떻게 생각해야 할까? 역사학자 닉 에스테스Nick Estes가 스탠딩 록 환경운동[7]에 대한 저서에서 이 질문을 다루고 있다. 여기에서 그는 미국 원주민의 친족 개념에 '인간 사회를 넘어서는' 확장된 의미가 있다고 말한다. 친족이 혈연이나 가족에 국한되지 않고 우리가 생존을 위해 의존하는 땅, 물, 동물들로까지 확장된다. 스탠딩 록의 물의 수호자들에게는 다코타 송유관 프로젝트에 대한 저항이 곧 그들의 '친척'인 미니 쇼셰이Mni Sose[8] 즉 미주리강을 지키는 행위였다. 더 나아가 다코타족에게 친족관계는 하나의 과정이다. 친척이 되는 것은 사람들이 서로 관계를 맺도록 친숙해지는 것이다.[9] 이러한 친족 개념은 원주민의 믿음에서 비롯되었는데 인간과 비인간, 그리고 땅과의 올바른 관

---

7 (옮긴이) 미국 노스다코타주 스탠딩 록 원주민 보호구역 근처에 송유관을 건설하려는 사업에 대한 저항운동. 2016년 4월 수족 또는 다코타족 미국 원주민을 중심으로 시작되었고 다른 원주민 부족뿐 아니라 환경운동가, 저널리스트, 농민 등 많은 사람이 연대해 투쟁했다.

8 (옮긴이) 다코타족 말로 미니Mni는 물, Sose는 소용돌이를 의미한다.

9 Nick Estes, *Our History Is the Future*(Verso, 2019), p. 256.

계가 경작의 중심이라는 생각이다. 그러한 관계는 가장 가까운 친족부터 전 우주적인 규모에 이르기까지 돌봄 정치를 발전시키는 데 기초가 된다.

난잡한 돌봄

우리는 친족 단위의 돌봄을 살펴보았다. 그 이유는 친족 단위의 돌봄이 현 돌봄 체계에서 부적절하고, 불안정하고, 불공평한 면이 너무 많기 때문이다. 돌봄이 좀 더 나은 사회와 세상의 기본이 되려면, 우리는 현재 돌봄의 위계를 급진적 평등주의로 나아가도록 방향을 전환해야 한다.

인간, 비인간을 막론하고 모든 생명체 간에 이루어지는 모든 형태의 돌봄이 필요와 지속가능성에 따라 공평하게 그 가치를 인정받고 사용되

어야 한다. 이것을 우리는 난잡한 돌봄의 윤리라고 부른다.

이 난잡한 돌봄의 윤리는 1980년대와 1990년대 에이즈 인권활동가들의 이론, 특히 학자이자 액트 업 활동가인 더글러스 크림프Douglas Crimp의 에세이 〈전염병 중에 난잡할 수 있는 방법How to Have Promiscuity in an Epidemic〉에 근거를 둔다. 이 에세이는 미디어뿐 아니라 게이 지도자들이 내세웠던, 에이즈 유행의 원인이 게이들의 성적 난잡함에 있다는 주장에 대한 답변이었다. 크림프는 이른바 스톤월**10** 이후 성 문화의 난잡함은 사실 게이들이 HIV 감염의 가장 흔한 원인인 삽입 성교에서 벗어나 '실험적'인

10 (옮긴이) 1969년 6월 28일 뉴욕 맨해튼 그리니치 빌리지의 게이바인 스톤월 인Stonewall Inn에서 동성애자들이 급습한 경찰에 맞서 투쟁한 사건을 가리킨다. 스톤월 항쟁은 동성애자들이 그들의 인권을 위해 적극적으로 표면에 나서고 투쟁하는 계기가 되었고, 몇 년 후에는 미국 전역에 동성애자 인권조직이 설립되었다. 스톤월 인은 성소수자 인권운동의 성지이며 국립기념지가 되었다.

성적 행위를 배가했음을 의미한다고 응수했다. 그는 몇몇 게이 지도자들이 '우리의 난잡함이 우리를 파멸로 이끌 것이라고 주장하지만 사실은 우리의 난잡함이 우리를 구할 것'이라고 썼다.[11] 여기에서 크림프는 난잡함이라는 개념을 '가벼운' 또는 '진정성 없는'이라는 의미가 아닌 게이들이 서로에 대해 친밀감과 돌봄을 나누는 방법을 다양화하고 실험한다는 의미로 사용한다. 이러한 실험적인 친밀감을 나누는 방법들이 궁극적으로는 안전한 섹스를 선도하는 기반이 되었고 액트 업 같은 단체에 의해 전개되어 수많은 생명을 구했다.

같은 의미에서 우리는 난잡하게 **돌봐야** 한다. 난잡한 돌봄은 가볍거나 진정성 없는 돌봄을 의미하지 않는다. 가볍고 진정성 없이 거리를 두고 행하는 돌봄은 신자유주의적 자본주의의 돌봄이며 그 결과는 끔찍하다. 우리는 난잡한 돌봄이 가장 가까운 관계부터 가장 먼 관계에 이르기까지 돌봄의 관계를 재정립하며 증식해가는 윤리 원칙

11 Douglas Crimp, 'How to Have Promiscuity in an Epidemic', *October* 43 (1987): 253.

이라고 생각한다.

난잡함이란 더 많은 돌봄을 실천하
고 또 현재 기준에서는 실험적이고
확장적인 방법으로 실천하는 것을
의미한다.

우리는 너무 많은 돌봄 요구를 너무 오랫동안 '시장'과
'가족'에 의존해 해결해왔다. 우리는 그 의미의 범주가 훨
씬 넓은 돌봄 개념을 만들 필요가 있다.

'난잡하다'는 것은 또 '차별하지 않
는' 것을 의미하고, 우리는 돌봄에 차
별이 있어서는 안 된다고 주장한다.

역사를 통해 형성된 '대안' 돌봄 실천에 기반을 두고 돌

봄에 대한 상상력을 좀 더 확장해야 한다. 누구든 다른 누구에 대해 직접·정서적·정치적 돌봄을 실천할 수 있다. 이를 인지하는 돌보는 국가는 돌봄 제공자와 수혜자 모두의 법적·사회적·문화적 지위를 인정하고 또 그렇게 하는 데 필요한 지원을 제공할 것이다. 이는 다시 우리가 멀리 있든 가까이 있든 타인을 생각하도록, 즉 돌보는 역량을 증진한다. 여기서 지원의 문제는 매우 중요하다. 난잡한 돌봄을 또 다른 각도에서 생각해보자. 신자유주의에서 돌봄 재정 감축과 폄훼는 '우리 가족'만을 돌보는 편집증적이고 속물적인 돌봄에 대한 생각을 유발했다. 반면 적절한 재정 지원과 시간과 노동은 사람들이 낯선 이들을 직접·정서적으로 돌보게 하고 그들과 함께 돌봄을 실천하는 것도 가족을 돌보는 것처럼 안정적으로 느끼게 할 것이다.

물론 난잡한 돌봄은 우리가 낯선 이들을 그저 스치듯이 돌본다거나 타인들이 우리를 스치듯이 돌본다는 것을 의미하지 않는다. 광범위한 범주에서 가족이라고 할 수 있는 사람들과의 관계에서 돌봄이 이루어질 수 있음을 인식하는 것이다. 때때로 돌봄은 타인과의 관계에서 이루어지

는 게 더 나은 경우가 있고, 타인과의 관계에서만 가능한
때도 있다. 코로나바이러스 팬데믹 중에 생겨난 상호원조
단체들을 보라. 자신들이 감염될 수 있는 위험을 무릅쓰
고 생필품과 의약품을 가져다준 타인들이 베푼 익명의 돌
봄이 아니었다면 취약하고 소외된 사람들은 어떻게 되었
을까? 물론 토니 블레어Tony Blair 정부의 10년에 걸친 긴
축정책으로 인해 NHS가 그토록 만신창이가 되지 않았다
면 자원봉사자들의 도움 없이도 국가는 필요한 돌봄을 제
공할 수 있었을 것이다. 어쩌면 좀 더 돌보는 국가라면 그
런 자원봉사자들에게 자금과 지지를 제공할 수 있는 메
커니즘이 자리 잡혀 있을 것이다. 우리의 비전에서 우리
는 모든 돌봄 노동이 적절한 재정 지원을 받으며 민주적
인 방법으로 운용되고 타인의 무급 노동에 맡겨지지 않아
야 한다고 믿는다. 물론 적절한 재정 지원을 받는 타인 간
의 돌봄은 서로 좀 더 친숙한 관계를 만들기 시작하고 난
잡한 돌봄의 유대를 강화한다.

　난잡한 돌봄은 역사, 문화, 관습이 어떤 형태의 돌봄
을―부모의 돌봄을 포함하여―다른 형태보다 더 일반적
인 것으로 만든다는 것과 이러한 돌봄은 정부와 지역사회

의 시간과 자원과 광범위한 인프라 지원이 필요하다는 것
을 인지해야 한다. 이에 대해서는 다음 장들에서 살펴볼
것이다. 그러나 절대 불변은 없다. 여러 사정으로 어머니
가 아이를 돌보지 못할 수도 있고, 적절한 돌봄을 주지 못
할 수도 있다. 난잡한 돌봄은 어머니와 아이 모두를 돌볼
수 있는 종류의 돌봄 관계를 늘려나갈 것이다(어머니와
아이 모두 돌봄이 필요하므로). 난잡한 돌봄은 모든 여성
이 어머니가 되고 싶어 하지는 않는다는(될 수 있는지 없
는지를 떠나) 것을 인지하고 자신의 아이들이 아닌 아이
들을 돌보는 것, 지역 공동체를 돌보는 것, 환경을 돌보는
것이 동등하게 가치 있는 일로서 적절한 자원과 보상이
제공되어야 한다는 것을 인지한다. 난잡한 돌봄은 이민자
와 난민을 돌보는 것이 자국민을 돌보는 것과 똑같이 중
요한 일이라고 주장하고, 미국 국경에서 부모로부터 강제
로 분리되어 난민수용소에 격리된 아이들의 운명에 대해
우리의 가족과 같이 생각하고 염려해야 한다고 다그친다.
난잡한 돌봄은 어머니나 여성뿐만이 아니라 모두가 돌봄
역량을 가지고 있고, 서로 함께 돌봄을 실천할 때 우리의
삶이 향상된다는 것을 인지한다. 이러한 돌봄은 인간과

비인간의 구분 없이 모든 것에 적용된다.

난잡한 돌봄을 도모하는 것은 친족 단위 수준에서 더욱 확장된 형태의 돌봄을 인식하고 자원을 제공할 수 있는 충분한 공간과 기민성을 갖춘 시설을 구축하는 것을 의미한다. 그러나 난잡한 돌봄은 우리 가족을 넘어 공동체, 시장, 국가, 인간뿐 아니라 비인간도 아우르는 초국가적 관계에 이르기까지 모든 규모의 사회 영역에서 실천되어야 한다. 이런 의미에서 난잡한 돌봄은 우리가 서론에서 말했던 '보편적 돌봄'과 연결된다. 다음 장에서 우리는 보편적인 난잡한 돌봄이 어떻게 지역 공동체 수준에서 이루어질 수 있는지 생각해본다.

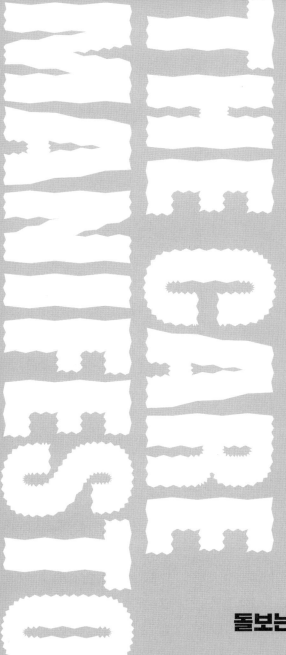

THE CARE MANIFESTO

3장
돌보는 공동체

지난 몇십 년간 우리는 **조직적 소외**를 가속하는 사회 제도를 경험했다. 우리는 초개인화되고 자신의 안위를 최우선으로 내세우는 경쟁적인 주체처럼 느끼고 행동하도록 부추김을 당했다. 그러나 우리가 진정으로 잘 살기 위해서는 돌보는 공동체가 필요하다. 우리가 번창하는 삶을 누리고, 서로 지지하고 소속감을 느끼는 네트워크를 만들 수 있는, 지역에 걸맞은 환경이 필요하다. 우리가 협동하여 서로의 능력을 지원하고 상호의존을 발전시킬 수 있는 공동체를 만들 수 있는 조건이 필요하다.

이는 돌봄 문제가 가족이나 친척 같은 아주 가까운 관계의 친밀함에만 연관된 것이 아니기 때문이다. 돌봄 문제는 우리가 살고 활동하는 지역 공동체, 이웃, 도서관, 학교, 공원, 사회 네트워크, 우리가 속한 다양한 집단 등의 환경에 따라 형성된다.

하지만 어떻게 우리의 삶을 더 좋게, 행복하게, 심지어 어떤 경우에는 삶 자체를 가능하게 하는 돌보는 공동체를 만들 수 있을까? 돌보는 공동체를 창조하기 위해서는 어떤 종류의 인프라가 필요한가?

우리는 돌보는 공동체를 조성하는
데 네 가지 핵심 특성이 있다고 주
장한다. 상호지원, 공공 공간, 공유
자원과 지역민주주의다.

첫째, 공동체는 이웃에서부터 코로나바이러스가 유행
하는 동안 생겨난 상호원조단체들에 이르기까지 다양한
형태의 **상호지원**을 통해 돌봄을 주고받는 구성원들에 기
반을 둔다. 앞 장에서 보았듯이 그와 같은 형태의 지원은
대개 자발적이고 아래로부터 위로 진행된다. 하지만 오랫
동안 일관되게 지속하기 위해서는 구조적인 지원이 필요
하다. 둘째, 돌보는 공동체에는 **공공 공간**이 필요하다. 모
든 사람이 공동으로 소유하고 **공공재로** 유지되고 개인의
이익에 따라 유용되지 않는 공간을 말한다.[1] 공공 공간 확
장은 모든 것을 사유화하는 신자유주의적 강박을 거스르

---

1   Massimo de Angelis, *Omnia Sunt Communia*(Zed Books, 2017).

는 것을 의미한다. 셋째, 돌보는 공동체는 자원이 사람들 사이에서 공유되는 것을 우선시한다. 도구 같은 물질적 자원과 온라인 정보 같은 '무형' 자원 모두 마찬가지이며, 소수에 의한 자원의 축적이나 일회성 자원을 지양한다. 마지막으로, 돌보는 공동체는 민주적이다. 돌보는 공동체는 지역에 걸맞은 활동과 통치를 진보적인 지방자치와 협동조합을 통해 확장해야 하고 돌봄과 복지 활동의 민영화를 수반하는 아웃소싱이 아니라 지역 내부에서의 확대와 '인소싱'을 통해 공공 부문을 재건해야 한다. 우리는 이러한 특성들이 실현 가능하다는 것을 과거와 현재의 구체적인 예를 통해 보여준다. 돌보는 공동체는 이 네 가지 특성을 쌓아가며 강화되어야 하고, 더 많아져야 하며, 다양해져야 한다. 이러한 특성들이 합쳐지면 우리가 말하는 공동체 수준에서의 '공유 인프라'가 형성된다.

상호지원

돌봄 제공과 수혜에 기반을 둔 공동체들은 서로에게 여

러 형태의 상호지원을 제공한다. 이는 좋은 이웃 되기, 가까운 곳에 사는 이들 살피기 등의 개념에서 뚜렷하게 드러난다. 아픈 사람들을 살피는 것, 심부름을 해주는 것, 여분의 열쇠를 보관해주는 것, 화분에 물을 주고 반려동물에게 먹이를 주는 것 등 '좋은 이웃 되기'는 지역화된 상호적 공동체 돌봄의 비공식적인 실천으로, 영향력이 있으며 널리 퍼져 있다. 코로나바이러스 팬데믹 기간에 유럽 등지에 나타난 지역 상호원조단체들의 발생과 활동은 그러한 이웃 간 지원 네트워크가 확장을 통해 우리가 말하는 '난잡한 돌봄'을 제공하는 훌륭한 예다.[2] 직접적인 혈연관계를 넘어 여러 형식으로 다양한 사람을 돌보는 것은 돌보는 공동체의 대표적인 특징이다.

동시에 지역화되어 이웃 간에 실천되는 상호지원 형태는 공동체가 더욱 평등하게, 또는 덜 불평등하거나 덜 불공정하게 발전하도록 도울 수 있는 잠재력을 가지고 있다. 예를 들면 1970년대 서구에서 일어난 여성해방운동에

---

2   Pirate Care, syllabus.pirate.care 참고.

의해 창시된 비공식 아이 돌봄 나눔 단체들은 여성들이 아이 돌봄이 아닌 다른 활동에도 시간을 활용할 수 있도록 함으로써 공공 영역에서 남성과 나란히 중요한 역할을 하도록 했다.[3]

이러한 지역화된 상호지원 실천 형식들이 좀 더 광범위하고 일관된 수준으로 확대되려면 규모 증대와 구조적 지원이 필요하다. 역시 아이 돌봄이 좋은 예인데 1970년대 생긴 비공식 놀이방 중 다수가 영구적인 주간 탁아소로 성장했다. 정식으로 형식을 갖추고 확장된 모습으로 발달한 상호원조의 중요한 예로는 공동체 협동조합이 있다. 공동으로 출자하고 소유하는 형태다. 이는 다양한 시기와 나라들에서 주거에서 음식 공급에 이르기까지 다양한 영역에서 여러 형식으로 출현했다.

19세기 중반 북아일랜드의 로치데일 개척자조합Rochdale Pioneers이 그중 하나다. 조합원들은 힘을 합쳐 상인들이 물건을 생산원가에 팔도록 했는데, 이는 산업혁명 시

---

3 'Municipalism and Feminism then and now: Hilary Wainwright talks to Jo Littler', in *Soundings* 74 (2020): 10~25.

기에는 불가능했던 일이다. 우리는 오늘날 미국이나 그
밖의 지역에서 운영되는 신용협동조합에서 로치데일 개
척자조합의 반향을 찾을 수 있다. 사람들이 손쉽게 돈을
저축하고 빌릴 수 있고 이를 통해 부자들이 아닌 공동체
가 이익을 얻는다. 스페인 바스크 지역의 몬드라곤 협동
조합Mondragon Co-operatives이 그중 하나인데, 1950년대 프
랑코Francisco Franco Bahamonde 장군의 파시스트 정권에 대
한 집단적 대응으로 생겨났다. 또 다른 역사적으로 유명
한 예는 트레데가 노동자의료지원협회Tredegar Workmen's
Medical Aid Society인데, 이 단체는 웨일스 지역사회에서 재
정 자원을 모아 모든 사람에게 의료 돌봄을 제공했다. 이
모델이 후에 엄청나게 확장되어 영국의 국립의료제도인
NHS가 만들어졌다. 협동조합의 강점과 역사적 인기는
종종 간과되지만 지역사회에서의 상호지원의 강력하고
중요한 본보기이고, 또 앞으로 설명하겠지만 돌보는 경제
구축의 중요한 예다.

돌보는 공동체는 다양한 형식의 **상호지원**을 용이하게
할 필요가 있다. 일부 상호지원은 비공식적인 형태로 남
을 수밖에 없을 것이다. 사회적 평등과 생존과 공공의료

에 직접적 영향을 미치는 상호지원은 특히 지방정부와 국가로부터의 구조적 지원이 필요하다. 더 나아가 상호지원 형식의 돌봄이 온전히 발전하고 확대될 수 있는 기반을 만들기 위해서는 공공 공간이 필요하다.

돌봄 공간

공공 공간은 돌보는 지역사회를 구축하는 데 필수요건이다. 공공 공간은 평등하고, 모든 사람이 사용할 수 있고, 구성원 간의 친목과 관계 맺음을 도모하고, 공유의 삶이 생겨나게 하기 때문이다. 우리는 더 많은 공공 공간을 만들고, 회복하고, 요구해야 한다.

1981년부터 1986년까지 존재했던 광역런던의회(GLC)는 어떻게 지방자치 정부가 경제적·사회적·문화적 활동을 위한 공유 공간을 제공할 수 있는지를 잘 보여주었다. GLC는 민주적인 문화생활을 확대하고 활성화하기 위해 노력했는데 영국의 예술정책에서 전통적으로 소외되었던 사람들(여성, 유색인종, 동성애자, 장애인)을 우선시하고

예술 행사를 대중화하는 급진성으로 유명하다. 로열오페
라하우스 같은 전통적인 '고급문화' 공간에 대한 지원금
을 줄이고 지역사회 예술에 재정 지원을 했다. 그 범위는
크고 작은 음악 축제 후원부터 지역 예술센터나 지역 라
디오와《스페어 립*Spare Rib*》같은 페미니스트 잡지에 대
한 보조금 지급에까지 이르렀다. 이런 방식으로 GLC의
정책은 런던 전역에서 지적·문화적 활동을 민주화하는
데 기여했다.[4]

　GLC는 규모가 큰 공간들에 대한 접근성을 더욱 높임
으로써 공공 공간을 확대했다. 런던의 거대한 예술 복합
공간인 사우스뱅크센터는 상류층과 상위중산층에게만 한
정된 비싸고 배타적인 공간이었는데 GLC는 그 공간에
서 중심 건물인 로열페스티벌홀에 '오픈 포이어' 정책[5]을
적용해 모든 이들에게 개방했다. 누구든지 입장권을 사지

---

4 'The GLC Story', glcstory.co.uk.
5 (옮긴이) 포이어foyer는 우리가 흔히 로비라고 말하는 공간이다. 오
　 픈 포이어 정책은 로열페스티벌홀의 넓은 로비를 휴식공간으로 꾸
　 미 시민들에게 개방하도록 했다. 공연이 없는 날도 시민들은 로열
　 페스티벌홀을 방문해 공연장 외 공간을 이용할 수 있다.

않고도 로열페스티벌홀에 들어갈 수 있고 그곳에서 시간을 보낼 수 있게 되었다. 로열페스티벌홀은 아직도 런던에서 도서관, 교회, 박물관을 빼면 몇 안 되는, 돈을 쓰지 않고도 시간을 보낼 수 있는, 실내 공공 공간이다. 많은 사람들에게, 특히 어린아이를 동반한 사람들에게 완벽한 휴식공간이다.[6] '공간의 공공화'를 요구하고 확대하는 것은 따라서 우리가 돌보는 공동체를 구축하는 데 필요하다.

비슷한 맥락에서 건축과 환경 인프라 역시 공유를 우선시할 필요가 있다. 공간의 재구성은 개인화보다는 진정으로 집단주의적 논리를 도모하고, 그 과정을 통해 우리의 건강과 환경을 향상한다. 공공 공원은 보호되고 확대되어야 한다. 이는 지역 공동체가 뭔가를 기르고, 사람들이 자연에 접근하며, 운동을 하고, 일상에서 '타인'을 만나는 공간이다. 그런 만남은 사람과의 만남을 넘어서는 경험이다. 종종 녹지 공간이 분할되어 개별 정원으로 조성되곤

6 Kathy Williams, 'A missing municipalist legacy: The GLC and the changing cultural politics of the Southbank Centre', *Soundings* 74 (2020): 26~39.

하는데, 울타리가 쳐지고 완전히 가로막힌 정원은 야생 생태계의 흐름을 정지시킨다. 일부든 전체든 공유되는 정원은 우리가 그곳을 자유로이 오가고 산책하며, 함께 걷기와 같은 다양한 활동을 통해 다른 사람과 어울리게 한다. 공동체 돌봄을 증진하고 모든 수준에서 삶의 좀 더 많은 부분을 공유하게 한다.

이런 상호연결은 건축 환경에도 적용된다. 협동조합 형태의 주거형식, 집단 주거, 임대료 상한제를 활성화하는 정책이 필요하다. 그뿐만 아니라 연계 돌봄과 구조적 공유의 구현에 대한 상상력이 있는 건축가와 도시계획 설계자들이 필요하다. 이는 녹지와 대중교통을 자동차와 도로보다 우선시하고, 함께 소유하고 나누는 공유의 개념에 기반을 둔 돌보는 공동체를 양성하는 데 필요한 자원을 창조하는 것을 의미한다. 다르게 말하자면 우리에게는 '도시에 대한 권리'가 필요하다. '도시에 대한 권리'는 도시의 모든 곳을, 모든 사람을 위한 함께 만드는 공간으로 되찾기 위해 통용되는 슬로건이다. 그와 함께 교외와 지방에 대한 권리도 필요하다.

그렇다면 공동체가 발전하기 위해서는 다양한 종류의

실내·실외, 온라인·오프라인 공공 공간이 필요한 것이다. 이는 요양원, 주택협동조합, 청소년 클럽, 병원, 학교와 유아원 같은 특정 용도로 지정된 공간뿐 아니라 공원, 주민센터, 도서관, 미술관, 수영장 같은 건강과 취미활동을 위한 공간을 모두 아우른다. 돌보는 공동체를 만든다는 것은 영리를 위해 만들어지거나 전유되지 않고 공유되고 상호협동으로 만들어지는 공공 공간을 늘려가는 것을 의미한다. 이는 곧 우리가 말한 상호지원과 공공 공동체 공간을 포함하는 **공유 인프라**를 창조하는 것이다. 이는 또 공동체 자원을 공유하는 것이다.

물자 공유

지역 도서관은 상업화되지 않은 지역 공간과 자원 공유의 가장 대표적인 예 중 하나로 남아 있다. 지역 도서관은 우리가 광범위한 독서를 할 수 있게 하고, 또 인터넷과 만남의 장소를 제공해 사람들이 함께 배우고 관계를 맺는 공동체 허브로 기능한다. 중요한 것은 도서관은 필요한 물건을 개인마다 구매할 필요가 없고 불필요한 소비를 할 필요가 없는 곳이라는 점이다. 책은 **공유할 수 있기** 때문이다. 유형·무형의 자원을 공유하는 것은 환경의 지속가능성과 공동체 협업으로 향하는 길이다. 하지만 이런 시설들이 효과적으로 기능하고 지속하며 확장되기 위해서는 그동안 경험해온 극심한 예산 삭감이 아닌 시간과 인프라와 지원이 필요하다.[7] 도서관은 21세기 지역사회에 창의적인 활동과 자원을 제공하는 실험적인 공동체 공간이 될 수 있다. 그러나 그러기 위해서는 재정적 지원을 받는 운영진과 실제 도서들이 있어야 한다. 우리는 공동체 공간 그리고 공유 자원 둘 다 필요하다.

강력한 공동체 모델로서 지역 도서관은 소중히 여겨지고 발전되어야 한다. 우리는 또 도서관을 책에 국한하지 않고 더 많은 '사물 도서관'을 만들고 재사용과 재분배의 다른 형식들을 발전시킬 수 있다. 기후재앙이 눈앞에 닥친 시대에 전동 드릴이든 비싼 아이 장난감이든 또는 와플 메

---

7   Kirsten Forkert, *Austerity as Public Mood*(Rowman and Littlefield, 2017), pp. 107~125.

이커든 간에 일 년에 몇 번 쓰지 않을 물건을 사는 것은 지나친 낭비다.

물건의 수명을 계획하에 한정하는 끔찍한 자본주의 제도를 거부하고 공동체 안에서 물건을 공유하는 것이 가능하다. 그 결과로 우리는 탄소 배출량을 줄이고, 돈을 저축하고, 생물뿐 아니라 무생물까지도 돌볼 수 있는 역량을 계발할 것이다.

　사물 도서관이 이미 몇 군데 있다. 예를 들면 아테네의 스코로스Skoros 같은 반소비주의 조합들은 예전에 상가였던 곳을 빌려서 10년 넘게 오로지 자원봉사자들의 참여로 운영한다. 이곳에서는 누구든지 옷, 책, 장난감, 주방용품 등의 물품을 빌리고 기부하고 가져갈 수 있고 또 무료

로 진행되는 다양한 DIY 워크숍에 참여할 수 있다.**8** 미국
에는 그 기원이 1970년대까지 거슬러 올라가는 성공적으
로 운영되는 연장 도서관이 몇 군데 있다. 예를 들면 오하
이오의 리빌딩 투게더Rebuilding Together와 시애틀의 피니
이웃연합Phinney Neighborhood Association이 운영하는 연장
도서관, 오리건의 주방기구를 빌려주는 창고가 있다. 런
던의 여러 동네에서는 장난감 도서관을 비롯하여 정원 연
장, 팝콘 메이커부터 전망대와 이동식 '공유 오두막'까지
빌려주는 지역 시설을 찾아볼 수 있다. 그리고 오늘날 사
물 도서관뿐 아니라 기부 바자회, 옷 교환, 무료나눔, 소셜
미디어의 안 쓰는 물건 교환 사이트, 대안 화폐 제도, 재활
용 워크숍 등에 대해 새로운 관심의 물결이 일고 있는데
이는 지역사회의 거대한 자원과 창의성을 나타낸다. 이러
한 요구들이 공동체의 일부로 체화되어 임기응변적인 해
결이 아닌 새로운 기준new normal이 되어야 한다.

우리는 또 우리의 기술과 지식을 집단화하기 위해 **무형**

---

8   Timothy Garton Ash, 'What Kind of Post-Corona World Do We
Europeans Want?', *openDemocracy*, 11 May 2020 참고.

의 자원을 공유할 수 있다. 한 가지 방법은 '타임뱅크'의 창의적인 사용이다. 타임뱅크는 사람들이 타인을 위한 활동이나 일에 사용한 시간을 서로 교환하는 것이다.[9] 이 교환은 기술을 나누는 세션이나 전통적인 지역 동호회, DIY 워크숍을 통해서 이루어지기도 한다. 물리적 자원을 공유할 수 있듯이 온라인 자원도 평등하게 사용할 수 있어야 한다. 이는 우리가 공동으로 소유한 디지털 인프라를 통해 유지되어야 한다. 그래서 플랫폼 협동조합주의가 플랫폼 자본주의를 대체할 것이다.[10] 코로나바이러스 위기의 고통스러운 경험을 통해 분명해진 것처럼, 또 영국 노동당이 2020 선언문에서 브로드밴드 무상 제공을 제안했듯이, 데이터 통신망은 필수재이고 집합적으로 소유되어야 한다. 자원을 공유하는 것은 함께 일하며 살아가도록 한다. 자원이 평등하게 사용되지 않으면 사람들은 배제되고

9 (옮긴이) 즉 누군가를 위해 한 시간 동안 봉사나 노동을 하면 그 시간만큼 저축이 되었다가 자신이 필요한 봉사나 노동으로 되돌려 받는 방식이다.

10 Nick Srnicek, *Platform Capitalism* (Polity, 2016).

소외된다. 공유하기 위해 공동체가 필요하다는 것은 분명하다. 이보다는 덜 분명해보이긴 해도 역으로 공유하는 것도 공동체를 만드는 데 도움이 된다.

돌보는 공동체는 민주적 공동체다

상호지원과 공공 공간, 자원의 공유와 공동체 생활 간에는 깊은 연관 관계가 있다. 이 모든 영역을 강화하는 것은 지역민주주의를 가능하게 하고 동시에 그 중요성을 더욱 확실시할 것이다. 하지만 어떻게 규모를 확장할 것인가?

지난 몇 년간 나타난 좋은 예가 하나 있는데 영국 북서부의 프레스턴시의회가 지역주의와 노동자 협동조합의 활성화를 통해 예산 삭감 문제를 해결한 것이다.[11] 시의회는 공공 부문의 우선순위를 수백 킬로미터나 떨어져

---

11 Aditya Chakrabortty, 'In 2011 Preston hit rock bottom. Then it took back control', *Guardian*, 31 January 2018, theguardian.com/commentisfree.

있는 기업들이 아닌, 지역 기업들과 노동자들이 소유한 협동조합에 투자하는 것으로 바꾸었다. 대성공을 거둔 프레스턴시의 모델은 주 정부가 지역 협동조합의 역량을 구축하는 데 적극적으로 관여한 미국 오하이오주의 클리블랜드 모델에서도 그 반향을 찾아볼 수 있다. 많은 베이비붐 세대 사업가들이 한꺼번에 은퇴하는 시기에 클리블랜드 모델은 교육과 재정 지원을 통해 회사가 그 회사의 노동자들에게 팔리도록 장려했다.[12] 이런 집단 프로젝트는 지역 노동자들에게 힘을 실어주었고 그들이 공동체에서 일어나는 일들에 관여할 권리를 주었다. 이와 같이 공동체 자산의 구축과 생산에 관한 통제권뿐 아니라 민주적인 소유권과 통치에 대한 구조적 지원이 바로 공동체를 위한, 공동체에 의한 돌봄 체제가 반드시 포함해야 하는 것이다.

클리블랜드와 프레스턴 모델은 미국의 코퍼레이션 잭슨Co-operation Jackson과 바르셀로나의 앙 코뮈en Comú와

---

[12] 피고용인 소유권을 위한 에버그린 펀드를 통해 이루어졌다. democracycollaborative.org 참고.

함께 '새로운 지방자치제' 또는 '수정 지방자치제'의 예들
이다. 지방자치는 지역이나 도시를 자치정부가 운영하는
것을 말한다. 정치적으로 복잡한 면이 있지만 새로운 지
방자치제의 주요 특징은 멀리 떨어져 있는 다국적 기업의
배를 불리려고 공공자금을 빨아들이는 신자유주의 체제
에서 벗어났다는 점이다.[13]

　새로운 지방자치제는 지역의 '공동체 자산구축'을 통해
글로벌 자본주의 상품 사슬의 착취에 맞섰다. 새로운 지
방자치제는 케어 밀번Keir Milburn과 버티 러셀Bertie Russell
이 말한 '공공-공동 파트너십public-commons partnerships'이
가능하게 했다. 공공-공동 파트너십은 공공-민간 파트너
십의 대안으로 지역 사업에 협력기관과 공공 당국과 지역
주민이 동등한 지분을 가지고 참여하는 형태다.[14] 헝가리
의 빅토르 오르반Viktor Orbán 총리가 주도한 권위주의적

---

13 Óscar García Agustín, 'New municipalism as space for solidarity',
Soundings 74 (2020): 54~67.

14 Keir Milburn and Bertie Russell, 'What can an institution do?
Towards Public-Common partnerships and a new common-
sense', *Renewal* 26(4) (2018): 45~55.

인 우익의 발현이 아닌 좌파적인 협동조합의 형태로 지방
자치제는 지역사회가 민주적으로 돌봄을 수행할 수 있는
길을 보여준다. 이것이 곧 에마 다울링Emma Dowling이 말
한 '지방자치적 돌봄municipal care'이다. 이른바 인정 많은
자본주의에 의해 행해지는 일시적인 '돌봄 해결'과는 정
반대 개념이다.**15**

　지방자치·민주적 돌봄의 가장 중요한 부분은 일단 공공
시설을 지역 공동체 '안으로' 되찾아왔을 때 **인소싱**을 유
지하는 데 있다. 공공 부문의 일자리들이 지역 공동체 안
으로 되돌아오면서 노동자들은 일자리의 안정성과 급여
와 연금, 그리고 유급병가와 유급휴가를 얻는다. 인소싱
은 노동자들을 돌보는 행위고 또 그들을 더 많은 **돌봄을 실
천할 수 있는** 위치에 놓는다. 민영화된 요양원 제도의 실패
는 베브 스케그스Bev Skeggs가 설명했듯이, "국가가 마치
ATM 기계처럼 여겨지고" 종사자와 이용자는 고통받게

15 Emma Dowling, 'Confronting capital's care fix: Care through
the lens of democracy', *Equality, Diversity and Inclusion: An
International Journal* 37(4) (2018): 332~346.

됨을 보여주었다. 이는 코로나바이러스 위기 중에 더욱 분명하게 드러났다. 수천 명이 요양원에서 죽었고 요양원 직원들은 적절한 또는 아무런 보호장구 없이 일해야 했다. 더욱 비극적인 것은 많은 노인이 팬데믹 초기에 방치되었고 그들의 죽음은 코로나바이러스로 인한 사망으로 기록조차 되지 않았다는 것이다. 요양원은 가능하다면 지역 정부에 의해 비영리를 바탕으로 운영되어야 한다. 이에 대한 긍정적인 한 예는 캐나다 브리티시컬럼비아주에서 요양원을 공공 부문으로 재편입시킨 경우다. 또 네덜란드의 뷔르트조르흐Buurtzorg 사회적 돌봄 협동조합은 이용자의 필요에 따라 운영되고 이용자와 직원 모두에게 높은 평가를 받고 있다. 게다가 서비스의 질과 이용자의 요구를 우선시함으로써 국립의료제도보다 비용을 40%나 절감한다.[16]

이러한 지방자치 프로젝트는 근본적으로 민주적인 돌봄의 사회 생태계를 공동체 차원에서 만든다. 돌봄 체제

---

[16] Matthew Lawrence, Andrew Pendleton and Sara Mahmoud, *Co-operatives Unleashed: Doubling the Size of the UK's Co-operative Sector*(New Economics Foundation, 2018), p. 20.

를 온전히 만들어내는 제도적 형식과 네트워크는 설계와 생산과정에서 이용자를 참여시키는, 사적 이익이 아닌 사회적 서비스 형식에 기반을 둔 것들이다. 필요한 공유 인프라를 제공하는 것, 공동체가 그들의 지역성과 서비스를 설계하는 데 더 중요한 역할을 하도록 하는 것, 협력에 기반한 의사결정(또는 공동 제작)을 심화하기 위해 국가와 지역 간의 관계를 재구성하는 것이 돌봄 역량이 있는 공동체를 창조하는 열쇠다. 또한 중요한 것은 이러한 과정에서 민주주의가 심화된다는 것이다.

공동 돌봄

앞에서 설명한 바와 같이 우리가 살펴본 지역 공동체들은 상호번영에 대한 염원을 바탕으로 만들어진다. 이는 공공재를 자원화하고 유용한 공공 자원을 구조화하는 형식을 통해 상호부조를 쉽게 하고 공동체 운영방식 결정 과정에 의미 있게 참여할 수 있는 능력을 구축함으로써 공동체에 힘을 실어주는 것을 의미한다. 민주적 참여

의 가능성은 공간과 영역의 제한을 받지 않고 확장되어야
한다. 지방정부, 정치단체, 공공 서비스, 학교, 노동조합 또
는 이웃들의 모임, 무엇이든 상관없다. 이 주제에 대해서
는 후에 다시 논할 것이다.

공동체는 낭만적인 의미로 여겨질 수 있다. 하지만 공동
체에서 '비非돌봄'의 예를 생각해보라. 이름에 걸맞지 않
은 '요양원care home'부터 서로 의심하고 서로를 희생양 삼
으려는 부정적인 연대의식까지, 돌봄 개념은 통제와 반대
를 위한 의제를 주장하는 데 사용될 수 있다.

분명히 하자면 '돌보는 공동체'는
사람들의 남는 시간을 신자유주의
가 만들어낸 돌봄의 공백을 메우는
데 사용하는 것을 절대 의미하지 않
는다. 사람들의 돌봄 역량을 확장하
기 위해 신자유주의를 끝내는 것을

의미한다. 진정한 민주주의는 기업의 횡포에 종지부를 찍고 협동조합을 만들고 아웃소싱을 인소싱으로 대체하는 지방자치 돌봄의 유형들을 포함한다.

그러면 기업의 통제로 점점 개인화되고 빈곤해지고 위태로워지고 분열되는 공동체 대신 협동조합 공동체를 만들 수 있다. 구성원들이 함께 만들어가는 이러한 공동체는 우리가 서로 관계를 맺도록 하고, 함께 생각하고 논의하게 하고, 기쁨을 찾고 번영하게 하며, 또 상호의존의 복잡성 속에서 서로의 필요를 인지하고 서로 지지하게 한다.

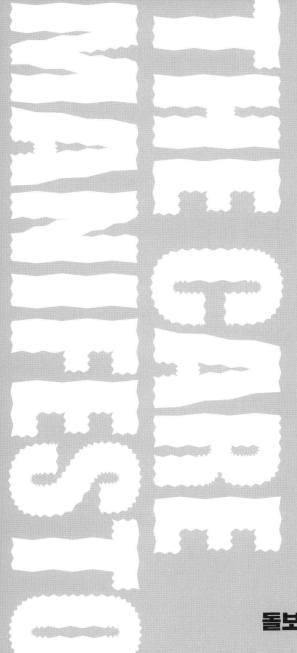

THE CARE MANIFESTO

4장

돌보는 국가

어떤 종류든 보편적 돌봄을 창조하는 데 있어서 국가는 매우 중요한 영역이다. 국가는 경제성장에 중점을 둔 기업의 이익 추구가 지배하는 곳, 심화되는 불평등과 종족 민족주의ethno-nationalism가 깊이 박힌 곳으로부터 변해야 한다. 국가의 최우선이자 궁극적인 책임은 지속가능한 돌봄 인프라를 구축하고 유지하는 것이다. 이는 대부분 국가가 현재의 우선순위를 완전히 바꿔야 한다는 것을 의미한다.

돌보는 국가에서 소속감은 인종-문화적 정체성, 또는 국가 안보라는 이름으로 보호되는 인종 중심의 국가 경계보다는 상호의존에 대한 인식에 바탕을 둔다. 또 모든 사람에게 기본적인 의식주를 보장하고 동시에 환경이 건강하도록 하며 사회의 모든 수준에서 참여 민주주의를 심화시킨다. 돌보는 국가는 그 영역 안에 있는 모든 사람과 다른 생물체를 보살필 수 있을 때 비로소 성공할 수 있다. 어떤 국가도 인간의 공격성, 지배 관계, 자연재해와 인재를 완전히 제거할 수 없지만 돌보는 국가는 대부분 사람이 생존을 넘어 번영할 수 있는 상태를 제공한다.

무엇보다도 돌보는 국가는 웰빙을 도모하는 모든 제도

를 지원해야 하고 그 영역에 속한 인간과 비인간 생명체의 역량과 지속가능성을 증진해야 한다. 그러려면 우리는 현재의 국가 경계 안에서 국가에의 소속과 시민권이 작동하는 방식을 바꾸어야 한다. 미국을 비롯한 많은 국가에서 이는 원주민의 투쟁 정신을 이어받는 것을 의미할 것이다. 캐나다의 도약 선언Leap Manifesto[1]에 동의하며, 우리는 인종학살이든 노예제도든 재산 강탈이든 간에 과거의 만행에 대한 인정뿐 아니라 과거사에 대한 청산과 배상이 이루어져야 한다고 주장한다. 이는 필수적으로 탈식민화, 그리고 빼앗긴 토지뿐 아니라 생명에 대한 권리를 되찾는 과정을 포함한다. 과거를 직면하고 무관심한 국가에 의해 가장 유린당하고 거부당한 사람들의 요구를 우선시할 때, 비로소 우리는 좀 더 정의로운 미래를 향해 나아갈 수 있고 다른 사람과 또 세상과 관계를 맺는 데 있어서 근본적으로 다른 방법을 모색할 수 있다.

  국가는 모든 이의 상호번영을 위해 필요한 물질적·사회

---

1 (옮긴이) 2015년 9월 캐나다 총선 과정에서 시작된 서명운동으로 녹색경제로의 전환과 화석연료 사용 중지에 대한 촉구가 핵심이다.

적·문화적 조건을 갖추는 동시에 하루빨리 우리의 깊은 상호의존성과 취약성에 대한 인식에 바탕을 둔 돌봄 인프라를 구축해야 한다. 이것이 가능할까? 가능하다. 하지만 먼저 우리는 이전의 케인스John Maynard Keynes의 복지 모델에 대해 재고해보아야 한다.

복지국가와 불만

우리는 이른바 베이비부머, '행운의 세대'라 불리는 이전 세대를 향한 분노에 대해 자주 듣는다. 이 세대가 미국의 뉴딜정책과 1942년 윌리엄 베버리지William Beveridge가 그의 유명한 보고서에서 내세운 모든 사람에게 '요람에서 무덤까지' 돌봄과 지원을 제공한다는 약속에 따라 전후 복지국가의 확장으로 큰 혜택을 받은 세대다.

시장을 자율조정에 맡길 수 없다고 경고한 케인스 경제학의 영향으로 전후 합의는 사회서비스와 국가 자원의 중대한 확장에 대한 폭넓은 지원을 만들어냈다. 이는 유럽의 국가들이 전쟁으로 파산 직전인 상황임에도 진행됐다.

이 시기 글로벌 노스의 많은 나라에서는 국가라면 국민의
웰빙을 진작하고 사회 인프라를 개선하는 동시에 모든 사
람이 썩 괜찮은 삶을 살 수 있도록 하는 데 책임이 있다고
여겨졌다. 실제 생활에서는, 특히 인종차별적 주제와 식
민주의의 유산인 현실과 관련해서는 부족한 점이 있을지
라도 말이다. 예를 들면 1950년대에는 교통, 에너지 같은
핵심 산업을 포함하여 영국 경제의 20%가 공공 소유였고
1979년에는 영국 인구의 반이 공공주택에 살았다. 최상위
부유층과 최하위 빈곤층의 격차는 역대 최고로 적었다.

서구 국가들에서 더욱 높은 수준의 누진세에 힘입어 비
슷한 정책들이 추구되었다. 영국 사회정책의 선구자인 리
처드 티트머스Richard Titmuss는 누구나 받을 자격이 있는
보편적 복지혜택의 중요성을 주장하면서 모든 국민이 국가
에 대해 동등한 지분이 있음을 보장했으며, 불평등을 '도덕
적으로 옳지 않고 건강한 사회를 좀먹는 것'으로 판단했다.
인기 라디오 쇼에서 영국 심리학자 도널드 W. 위니콧Donald
W. Winnicott은 아이에게 '보듬어주는 환경'의 중요성을 강조
하며 인간의 의존성을 부각했는데, 이 의견이 돌보는 복지
국가에 대한 하나의 아이디어로 편입되어 어머니들에 대한

지원과 제대로 된 집과 복지서비스 제공으로 발전했다.[2]

케인스주의 복지국가에 대한 재고

돌봄을 중심으로 조직화된 국가는 2차대전 이후 나왔던 복지에 대한 약속의 많은 부분을 채택할 것이다. 동시에 그 시대에 내재해 있던 성차별적·인종차별적·위계적 전제와 징후를 제거하고 오늘날에도 뚜렷하게 존재하는 반反이민 외국인혐오와 맞설 것이다. 돌보는 국가는 늘 이익 창출보다 돌봄을 더 가치 있는 것으로 여기는 데서부터 시작할 것이고 돌봄을 그 자체로 매우 가치 있는 목적으로 옹호할 것이다.

우리의 돌보는 국가 비전에서는 개개인의 삶이 고유의

2 Sally Alexander, 'Primary maternal preoccupation: D. W. Winnicott and social democracy in mid-twentieth century Britain', in Alexander and Barbara Taylor (eds), *History and Psyche: Culture, Psychoanalysis and the Past*(Palgrave Macmillan, 2012).

가치가 있다고 인정하고, 국가에 대한 소속감을 인종에 따라 차별화하거나 타자를 경시함으로써 규정하지 않는다. 돌보는 국가는 모든 사람이 태어나서 늙을 때까지 모든 생애주기에서 질 높고 융통성 있는 돌봄을 거의 무상으로 받을 수 있도록 보장한다. 적절한 가격의 집과 모든 사람이 공유할 수 있는 공공 문화 공간, 질 높은 공교육, 직업훈련, 대학교육 그리고 보건의료 제공을 보장한다. 돌보는 국가는 돌봄 인프라와 일상적인 돌봄이 수많은 종류의 기술과 숙련된 능력에 달렸다는 것을 인식한다.

모든 교육과 직업훈련은 돌봄과 그 실천을 강조할 필요가 있다. 과학, 인문학, 목공, 요리 등 모든 분야에서 배움은 삶과 세상을 보살피는 오랜 방법의 가치를 드높이고 새로운 방법을 발견하는 일임을 강조하면서 개개인의 돌봄 기술을 발전시켜야 한다. 실제로 돌보는 국가는 일찍부터 관련 교육과 상호번영에 필요한 환경을 제공함으로써 모든 사람의 돌봄 역량을 양성한다. 이와 같은 시도는 1970년대 페미니스트들이 세운 공동체 탁아소에서 시작되었을 뿐만 아니라, 여러 해 동안 장애인 인권운동가와 정신질환 치료시설 이용자들의 주안점이기도 했다. 더 나아가 일단 돌봄이 국가의 구성 원칙이 되면 정신질환 관련 서비스 문제도 감소할 것이다. 우리 시대의 많은 문제점이 신자유주의 원리, 직 경제, 인구의 99%가 느끼는 경제적 불안정성의 증가와 떼려야 뗄 수 없이 연결돼 있다. 돌보는 국가는 증가하는 정신질환의 위기에 대해 임시방편이 아닌 실질적인 해결책을 내놓을 것이다. 우리에게는 근본적이고 구조적인 변화가 필요하다.

우리가 상호의존하는 존재임을 고려한다면, 돌보는 국가에서는 각자 삶의 처지나 상황이 어떻든 간에 국민 모두가 돌보는 국가가 기능하는 데 나름대로 의미 있고 가치 있는 기여를 하고 있다는 걸 인정해야 한다. 그래서 문화적 규범의 변화는 개인 고유의 의존성에 대한 국가의 공언과 함께 이루어진다. 자율과 의존은 동전의 양면과 같다.

특히 복지국가를 이런 식으로 재고하는 것은 돌봄이 집안일, 그리고 여성의 일이라고 여기는 전통적인 성별 분업의 개념을 넘어서게 한다. 돌보아야 하는 필요 또 돌봄을 받아야 하는 필요는 모든 이가 공유하는 것으로 이해되기 때문이다.

이것이 복지국가에 대한 재고가 곧 공적 공급이 어떻게 구상되고 배분되는가에 대한 재고인 이유다. 돌보는 국가는 결코 가부장적·인종차별적 또는 정착식민주의 국가가 아니다. 돌보는 국가에서 공적 공급은 의존성을 심화시키는 것이 아니라 모든 이가 장애학disability studies에서 말하는 '전략적 자율과 독립'을 계발하도록 한다. 동시에 국가와 다양한 공동체 사이에서 새로운 관계 형성이 가능한 조건을 만든다. 여기서 관계란 모든 사람이 번영하는 삶을 누리고 민주주의 실천에 참여하는 데 필요한 것을 받는 것을 바탕으로 한다.

즉 국가는 공동체와 돌봄 시장을 번창하게 하는 공공서비스와 자원의 순조로운 공급을 위해 필요하고, 동시에 좀 더 활발한 민주적 참여를 촉진할 책무가 있다. 돌보는 국가는 수직적·하향적이지 않고 규범과 강압으로 통제하지 않는다. 대신 다비나 쿠퍼Davina Cooper가 말한 "창의적이고 수평적이며 생태적인 현재와 미래의 경향"을 도모한다.[3] 돌보는 국가는 또 시민들의 집회 같은 참여민주주의 과정을 통해 시민들이 감독할 수 있는 열린 기관과 자원을 제공함으로써 '공동 사용과 공동 공간'을 창의적으로 촉진한다. 간단하게 말하면 돌보는 국가는 돌보는 공동체의 번영과 함께 난잡한 돌봄에 필요한 자원의 공급을 보장한다.

민주적으로 관리되고 집단적으로 자원을 활용하는 공공서비스가 이윤을 추구하는 상업화된 서비스보다 더 큰 만족감을 준다는 증거가 많이 있다.[4] 이 같은 형식은 나름대로 긴장을 유발하지만, 불평등을 뚜렷하게 감소시키고 폭넓은 연대의식과 지원을 확보한다. 돌보는 국가는 그래

---

3 Davina Cooper, *Feeling Like a State: Desire, Denial, and the Recasting of Authority*(Duke University Press, 2019), p. 4.

4 Anna Coote and Andrew Percy, *The Case for Universal Basic Services*(Polity, 2020).

서 그런 긴장감과 갈등, 양면성이 표면화되는 것을 허용하는 환경을 제공한다. 그렇게 하는 것이 숙고와 협의를 통한 행동을 장려하기 때문이다. 이는 자원을 원활히 공급함으로써 일상적인 돌봄 상호작용에서 긴장이 있더라도 돌봄을 수행할 수 있도록 최상의 배치를 할 수 있는 기관과 규범과 공동체들을 양성하는 것을 의미한다. 결과적으로 정부의 돌봄 서비스 공급은 그 제공 방식의 변화 없이는 충분치 않다.

돌봄 인프라는 또 임금노동 시간의 단축을 포함하는데, 이는 사람들이 가족 내에서나 다른 돌봄이 필요한 환경에서 돌봄 역량을 확장하도록 적절한 시간과 자원을 허용한다.

가장 좋은 직접적인 대인 돌봄은 서두르지 않고 관계의 지속성을 유지하는 동시에 돌봄을 받는 사람이 가진 역량을 주체적 능력과 웰빙을 계

발하는 데 최대한 사용할 수 있도록
여러 요소를 고려하는 것이고, 이는
시간이 요구되는 일이다.

주4일제 캠페인을 통해 호응을 얻고 있는 노동시간 단축이 돌봄에 대해 교육하고 돌봄 역량을 확장할 수 있는 조건을 만드는 데 핵심인 이유다. 이는 동시에 돌봄의 제공 또는 돌봄 요구의 필수요소인 민주적 논의에의 쌍방 참여를 증진한다.[5] 돌봄이 일단 이러한 형식으로 우선시되면, 때에 따라 변하기 쉬운 우리의 의존성을 인식하고 그 필요에 부응하는 방법을 좀 더 쉽게 찾을 수 있다. 동시에 다른 사람들이 당연시하는 일상생활에 필요한 능력을 계발하거나 그 능력을 자유로이 통제하고자 하는 사람들을 돕는다.

---

5 Autonomy and NEF, *The shorter working week: A radical and pragmatic proposal*(2019).

복지국가에서 돌보는 국가로

인프라의 붕괴와 돌봄과 생계 재난에 직면하면서, 정부 차원에서는 보기 드물지만 몇몇 도시와 지방자치단체에서 정책과 정책 수행에 관해 재고하는 움직임이 일고 있다. 미국 클리블랜드시와 최근 영국 프레스턴시의 경우에서 본 것처럼 몇몇 행정자치지역에서는 크고 작은 일자리와 서비스 제공을 위한 협동조합 형태의 풀뿌리 운동을 지원하기 시작했다. 현시대의 심각한 무주택 문제와 관련하여 지역사회의 주택공급 프로젝트도 많이 생겨나고 있다. 그 본보기로 2014년 웨일스에서 통과된 '사회서비스와 웰빙 법'이 있는데, 이에 따르면 지방자치정부가 공동체의 발전과 사용자 소유의 서비스를 도모해야 한다. 이와 같은 형식의 돌봄은 원칙적으로 덜 관료적이고 더욱 유연한 타깃 서비스와 지원을 촉진할 뿐 아니라 자원 구축과 돌봄 사업의 지속성을 위해 필요한 연대의식과 주체의식, 그리고 공동체와 소속감을 강화하는 데 도움을 준다. 우리는 이런 예를 통해 배우고 또 이를 기반으로 삼을 수 있다. 돌보는 국가는 바로 이런 유의 수평적이고 공동체 중심인 프로젝트를 촉진하고 지원하며 모든 사람에게 합리적인 가격의 제대로 된 주거시설을 보장할 것이다. 그리고 다양한 수준과 규모의 관리기관들은 필연적으로 상호책임의 관계뿐 아니라 지속적인 논의와 숙고의 책무를 갖게 될 것이다.

우리 모두 필요할 때 공공서비스를 이용할 평등한 권리를 부여받았다는 생각이 연약함과 의존성을 둘러싼 모든 두려움을 없애주지는 않는다. 그러나 이는 그런 두려움을 감소시키고 우리 모두 인간애와 상호의존성을 공유하고 있다는 믿음을 고무하는 유일한 방법이다. 우리가 가진 다양성과 변하는 요구가 무엇이든—특히 무시하고 얕보도록 부추김을 당한 것들이라도—말이다. 이런 점을 최우선시하는 것은 우리가 가장 염려하는 사람들이, 우리가 직접 돌볼 수 없을지라도, 항상 필요한 지원을 받을 수 있다는 것을 보장하기 위해서다. 무엇보다도 돌봄을 우선시하는 것은 우리에게 모든 생명체를 소중히 여기는 세상에 살고 있다는 것을 아는 데서 오는 안도감을 준다. 이는 생태적인 것이든 제조된 것이든 저절로 생겨난 것이든, 우리가 의존하는 여러 형태의 자원을 보완하고 보충하는 기능을 하는 세상을 말한다.

이런 세상은 성차별적·인종차별적
착취를 허용하는 오래된 국가적 가
부장주의를 없앤다. 또한 뿌리 깊은,
그리고 최근 사람들의 이동을 위해
국가의 경계를 느슨하게 함에 따라
더 극성인 종족민주주의에 맞서고
사회의 모든 수준에서 민주주의를
심화한다.

따라서 돌보는 국가는 요람에서 무덤까지 돌봄 인프라
를 구축하고 양성할 뿐 아니라 모든 사람의 기본 요구를
충족시키기 위한 것들을 반드시 제공함으로써 국적 등의
소속, 시민권, 권리에 대한 새로운 개념을 만들어낸다. 돌

보는 국가는 궁극적으로 그 안에 사는 모든 이들에 대한 연대의식에 기반을 두고 조앤 트론토가 '정치적 돌봄'이라고 칭한, 시민들은 다른 시민들뿐 아니라 민주주의 자체를 위해 돌봄을 실천해야 한다는 아이디어를 활성화한다.

그러므로 국적과 시민권과 권리는 모두 태어난 곳이나 신원 또는 국가의 영토와 관련된 주장이 아닌, 돌봄의 원칙을 중심으로 형성되어야 한다. 그래서 돌봄의 실천이 돌보는 국가의 영역에서 사는 데 필요한 충성 서약이 될 것이다. 부유한 나라에서 대부분의 돌봄 노동을 제공하고 있는 많은 사람이 시민권을 거부당해왔다. 최근 영국에서 발생한 윈드러시 스캔들[6]이 이런 경우인데 어릴 때부터 영국에 거주해온 서인도 이민자들이 불법적으로 구금

---

6 (옮긴이) 윈드러시는 1948년 자메이카와 트리니다드 등의 섬에서 처음으로 492명의 승객을 영국으로 데려온 배의 이름으로 2차대전 후 경제재건을 돕기 위해 영국으로 이주한 영연방 소속 시민들을 '윈드러시 세대'로 부른다. 그런데 2018년 행정착오로 이들의 건강보험을 차단하고 불법이민자로 간주해 강제추방하려던 계획이 드러나면서 당시 내무장관이었던 엠버 러드가 사임하고 총리였던 테리사 메이가 공식 사과했다.

되고, 법적 권리가 거부되고, 어떤 경우에는 내무부에 의해 강요된 '적대적 환경'에서 추방되었다. 이와는 대조적으로 돌보는 시민과 시민권에 대한 새로운 개념은 이들을 비롯해 과거의 권리 침해를 보상하도록 도울 뿐 아니라 우리가 현재 알고 있는 또 앞으로 가질 국적에 대한 개념을 완전히 바꾼다.

 이것은 불가능한 꿈이 아니다. 국적에 대한 개념과 아울러, 우리는 정착식민주의와 자원을 빼내가기만 하는 자본주의와 맞선 원주민 투쟁의 역사로부터 배울 것이 많다. 예를 들면 다코타 액세스 파이프라인과의 투쟁에서 북미와 그 밖의 지역 원주민들은 스탠딩 록에 협약캠프treaty camp를 세웠다. 미국 정부의 끔찍한 종족학살과 연이은 배신에도 불구하고 캠프는 원주민만을 위한 것이 아니었다. 물과 땅을 보호하려는 실천을 포함해 캠프가 추구하는 가치를 믿고 지지하는 사람이라면 누구나 환영받았다. 역사학자 닉 에스테스가 말한 것처럼 협약캠프는 부족한 대로 대안 미래에 대한 비전을 제시했다. "무상음식, 무상교육, 무상보건의료, 무상 법적 도움, 그리고 강력한 공동체 의식과 안보와 보안이 모든 사람에게 보장되었다."**7** 즉 그 캠프는 이익이 아니라 필요에 근거해 만들어졌다. 돌봄을 바탕으로 하고 국적과 타인, 또 세상과 관계 맺음에 대해 근본적으로 다른 비전을 포용했다.

돌봄 인프라의 구축과 지원을 통해 과거와 현재에 걸친 국가적 폭력을 모두 거부함으로써 국가는 변화할 수 있고 변화해야만 한다. 이는 역사적으로 가장 소외되었던 이들을 우선시하는 것과 국가 내에 거주하는 모든 사람이 돌봄의 모든 의미와 형식에 있어서 돌봄을 실천하고 돌봄을 받을 권리가 있음을 인지하는 것을 포함한다.

전후 복지국가의 주안점을 일부 받아들이되 전통적인 인종차별적 정책과 경직된 위계 구조와 성별과 인종에 따른 노동 분업을 거부함으로

---

7   Nick Estes, *Our History Is the Future*, p. 256.

써 우리의 진보적인 국가의 비전은 경제적·환경적 난민을 만들어내는 조건을 무너뜨린다.

돌봄이 지구상 모든 국가의 구성 원칙이 된다면 경제적 불평등과 대량 이민이 감소할 것이고, 환경과 관련된 불공정이 세상을 돌보고자 하는 서로의 실천을 통해 수정될 것이다. 그렇다면 궁극적으로 우리의 돌봄에 대한 구상은 '우리'에 속하는 사람들을 돌보는 것에서 나아가 진보적인 지방자치와 국가의 공동체를 구축하며, 상호연결된 우리 지구상에서 가장 멀리 떨어진 곳까지 돌보는 것을 향한다. 이를 현실화하는 것은 필연적으로 무관심한 경제에 대한 재고와 비판을 포함한다.

5장

돌보는 경제

돌보는 경제란 어떤 모습일까? 그것은 가장 먼저 경제를 우리가 서로 돌볼 수 있게 하는 모든 것으로 다시 정의하는 것을 의미한다. 이는 우리의 돌봄 요구의 다양성과 이 요구들이 충족되는 방식의 다양성, 즉 시장 거래뿐 아니라 가정과 공동체와 국가, 그리고 세계를 통해 이루어지는 방식의 다양성을 전제하고 포용한다. 앞에서 논의했듯이 우리는 '자유시장'이 인간 경제활동의 모든 영역으로 공격적으로 확장되도록 밀어붙이는 신자유주의를 멈춰야 한다.

돌보는 경제에 대한 우리의 비전은 또 시장 확장에 대한 신자유주의 의제를 바로잡는 과정에서 경제를 오로지 시장현상 하나로 축소한 마르크스주의 경제학자들과도 반대된다.

이 두 가지 관점 모두 똑같이 환원적 가정에 관해 책임이 있다. 우리는 돌봄이 실제로 구성 원칙이고 '보편적 돌봄'이 근본 모델인 사회에 경제를 재정립하기 위해 경제의 본질과 범주를 다시 생각해볼 필요가 있다. J. K. 깁슨그레이엄J. K. Gibson-Graham, 앤 페티포, 낸시 폴브레Nancy Folbre, 리안 아이슬러Riane Eisler, 케이트 래워스와 여성예산그룹Women's Budget Group에 속한 경제학자들을 이어 우리는 가정에서부터 국가 차원에 이르기까지 모든 경제활동을 사회에 대한 폭넓은 이해 안에서 생각하는 다른 경제적 비전을 주장한다. 이러한 경제는 곧 살아 있는 세계의 생태계 일부로 이해된다.

이를 실행하기 위해 우리는 먼저 자본주의 시장의 힘과 영향 범위를 규제하고 우리가 말하는 모든 규모의 삶에 걸친 돌봄 활동에 자본주의 시장의 작용을 규정하는 문화적·법적 규칙들을 다시 정할 필요가 있다. 두 번째로, 우리는 소비자와 생산자, 돌봄 제공자와 돌봄 수혜자를 다시 연결하기 위해 데이비드 하비David Harvey의 표현대로 "시장의 베일과 물신화fetishism의 이면을 캐내야" 한다.**1** 그렇게 함으로써 우리는 현재 자본주의 시장에 대한 생태사회주의 대안을 실행할 수 있고, 무한히 더욱 민주적이고 연대적이며, 지역적·국가적, 궁극적으로는 국제적 차원에서 평등한 형식의 소유와 생산과 소비에 바탕을 둔 돌봄 교환을 이루기 위해 노력할 수 있다.

자본주의 시장: 무엇으로부터 '자유'로운가?

이념적으로는 국가와 사회의 힘으로부터 '자유롭다'고 묘사되지만, 원형적인 자유시장은 존재한 적이 없다. 오늘날 자본주의 자유시장은 애덤 스미스Adam Smith의 유명한 개념인 '보이지 않는 손'을 통해 사회복지를 최대화하기보다는 부유층의 지배를 유지하는 핵심 체제다. 이러한 자유시장 체제의 확산은 결코 자연스러운 결과가 아니다. 피노체트Augusto Pinochet 통치하의 칠레부터

1 David Harvey, 'Between space and time: Reflections on the geographical imagination', *Annals of the Association of American Geographers* 80(3) (1990): p. 418~434.

2008-2009 금융위기에 대한 대응인 그리스의 재앙에 가까운 긴축정책에 이르기까지 각국 정부와 국제통화기금(IMF) 같은 초국가적 기관들의 적극적인 개입으로 초래된 것이다.

위기에 처했던 그리스는 극단적인 경우이긴 하지만 문제가 무엇인지 특히 잘 보여준다. 이른바 트로이카(IMF, 유럽위원회, 유럽중앙은행)라고 불리는 세력에 의해 신자유주의 경제체제로의 변화를 강요당하며 그리스는 결국 GDP의 30%를 잃었으며 국가부채는 불과 5년여 만에 거의 두 배인 190%가 되었다. 그런데도 트로이카의 강력한 신자유주의적 요구는 그리스의 의료와 교육 인프라부터 공공 수도와 공동체 인프라에 이르기까지 거의 모든 것의 시장화 또는 준시장화를 포함했다. 결과적으로 그리스는 전례 없는 돌봄 인프라의 약화와 돌봄 제공의 전반적인 질 저하를 경험했다. (특히 코로나바이러스 위기의 대응에서 그리스는 이 문제를 뼈저리게 느꼈다.) 예를 들면 2010년에서 2012년까지 2년이 조금 넘는 기간 동안 최악의 경제지표와 함께 자살률과 우울증이 35%나 증가했고 향정신성 약품 이용을 통한 HIV 감염이 400% 이상 증가했다. 사실상 그리스는 폭력적이고 급작스러운 방식으로 UN 경제학자 샤흐라 라자비Shahra Razavi가 '돌봄 다이아 몬드'라고 칭한 제도적 재구성을 경험했다. 이는 가정, 공동체, 국가, 시장이라는 네 가지 핵심 부문에 분배된 사회의 돌봄 제공의 변화를 말한다.

현재는 그리스뿐 아니라 다른 나라에서도 시장 바깥에 남겨진 것은 그 가치가 폄훼되고, 시장 외의 다른 부문, 대개는 가정에 일부는 공동체에 위임된다. 신자유주의 시장은 개인적인 참여, 정서적 연결, 헌신, 공감 또는 관심을 기울이는 것 등의 가치를 금전적인 보수가 지급되는 계약에 의한 것이 아니라면 인정하

지 않고 인정할 수도 없다.

그러나 그리스의 사례는 경제역사학자들과 인류학자들이 오랫동안 강조해온 것 또한 명확히 보여주었다. '자유시장'의 원형적 모델을 확장하고자 하는 신자유주의 프로젝트는 결코 이루어질 수 없다는 것이다. 모든 시장체제는 언제나 어디에서나 사회의 법과 규제와 정책과 문화 안에 자리 잡았다. '자유로운' 신자유주의 시장은 항상 그 시장을 사용하는 사람들의 감독하에—정도의 차이는 있겠지만—있을 것이다.

우리가 그리스의 경우에서 목격한 것은 연대의식의 급진적인 확산과 대안 경제 네트워크인데 이는 모두 경제위기와 신자유주의의 실패가 남긴 사회의 공백을 채우려는 노력의 산물이다. 시장화되었던 관계가 돌봄과 상호성과 상호의존성의 자발적 네트워크로 대체되었다. 2011년부터 2014년까지 그리스에서는 47개의 자체적으로 운영되는 푸드뱅크와 매주 수백 개의 음식 꾸러미를 배포하는 21개의 연대 주방이 생긴 것으로 추정된다. 또 중개인 없이 5,000톤 이상의 상품 공급이 이루어지는 45개의 공급 망과 30여 개의 연대 교육 조직이 생긴 것으로 추정된다.

중요한 것은 이러한 대안 거래 제도들이 하향식 통제가 아닌 협업의 수평적 모델에 의존하여 운영되기 때문에 사람들은 무한히 더 돌보는 경제를 경험했다는 것이다. 의사결정은 매주 또는 격주마다 열리는 집회의 합의에 따랐다. 구조적 위계가 없고, 어떤 종류든 이익을 추구하거나 상업화된 활동은 엄격히 금지되었다. 이런 종류의 조직 활동은 단순히 사회적으로 환경적으로 좀 더 공정한 대안을 만드는 것만이 아니었다. 무력함과 사회적 고립과 두려움으로 특징지어지는 신자유주의 폭력의 냉혹한 아우라로부터 구성원을 돌보고 보호하는 것에 관한 일이기도 했다. 이러한 조직 활동은 돌봄과 집단 공동체를 양성했다. 아테네에 근거지를 둔 반소비주의 단체 스코로스가 만든 안내문에는 이렇게 쓰여 있다. "우리는 결코 우리의 소비력 상실을 슬퍼하지 않는다… 우리는 연대의식, 사회적 지원과 협업의 가치를 믿는다."

돌봄 논리 대 시장 논리

몇몇 경제학자들은 상품화된 돌봄 모델이 어떤 경우에는—예를 들면 비개인적이고 표준화된 노동(청소 같은)이나 테크놀로지를 이용한 돌봄(노인과 장애인을 위한 건강 검진 장치나 홈오토메이션 시스템 같은)의 경우—성공적일 뿐 아니라 심지어 바람직하다고 주장한다. 그러나 그러한 모델은 매우 부적절하다. 돌봄과 자본주의 논리는 타협할 수 없다.

첫째, 친밀감이 필요한 돌봄은 대인 접촉과 정서적 애착과 함께 제공될 때 가장 좋다. 직접적인 돌봄 또는 조앤 트론토의 용어를 빌리자면 '대인 돌봄'은 그래서 여타 '사물'이나 상품과는 다르다. 돌봄 제공자나 수혜자 모두에게 돌봄은 '끈끈할' 수밖에 없는데, 그들의 관계가 상호성과 인내를 동반해야 성공적일 수 있기 때문이다. 시장 논리는 이러한 가치들을 포용할 역량이 없을 뿐 아니라 개념 자체가 없다.

돌봄이 종종 어떻게 이루어지는지 또 이루어져야 하는지에 대해서 생각할 때 우리는 페미니스트 경제학자인 낸시 폴브레가 말했듯이 '보이지 않는 손'이 아닌 '보이지 않는 심장'을 생각해야 한다. 즉 우리는 돌봄과 연민의 힘이 시장화된 개인의 이기심보다 항상 앞서야 한다는 것을 인정해야 한다. 우리의 보편적 돌봄 모델은 이러한 경제적 모순의 해소를 향한 가장 중요한 단계다.

둘째, 시장은 돌봄의 책무와 제공을 구매력에 근거하여 배분할 뿐이다. 자본이 많은 사람이 늘 승자다. '패자'

들은 시장을 이용하는 데 한계가 있고 특히 가족이나 공동체 안에서도 돌봄 제공을 받는 데 제약이 있다. 시장이 중재하는 돌봄 서비스 분배는 기존의 소득 불평등과 돌봄 부족을 반영할 뿐 아니라 심각하게 악화시킨다. 고소득자들은 질 좋은 교육에서부터 주거시설에 이르기까지 돌봄에 대한 필요를 충족시키고 '인적 자원'이라고 여겨지는 것에 대한 투자의 선순환을 일으킨다. 요즘에는 심지어 자신을 돌보는 시간을 갖는 것조차 하나의 사치로 여겨지는데, 호황을 이루는 셀프케어 산업에서 제공하는 현대식 휴식과 웰니스센터에 한정된 이야기다. 물질적·사회적·환경적 자원에의 평등한 접근은 돌보는 경제의 근본이다.

셋째, 시장 규칙은 비시장 가치들을 '밀어내는' 것으로 악명 높다. 돌봄을 가치 있게 평가하는 것은 돌봄을 시장화하는 것과는 분명히 다르다. 돌봄을 시장화하는 것은 우리의 돌보(지 않)는 삶의 모든 영역에서 개인 이익과 수단화를 전제로 한다. 돌봄의 공급이 감소하고 질이 하락할 수밖에 없다. 예를 들면 케어닷컴에서 좋은 후기를 받기 위해 돌보는 아이가 원하는 것이면 무엇이든지 해주는 유모를 생각해보라. 일일 수익 목표를 달성하기 위해 최대한 많은 환자를 보려는 개인병원 의사와 강의평가를 잘 받아서 승급하기 위해 무조건 좋은 성적을 주는 대학 교수의 예도 생각해볼 수 있다. 시장의 수치에 따른 평가와 기업의 권력을 비판하고 거부하고 철폐해야만 돌봄의 가치가 번영할 수 있다. 이것이 보편적 돌봄 모델을 주장하는 또 하나의 이유다. 이렇게 되면 돌봄 노동의 가치가 높게 평가되고 돌봄 자원이 자본주의 시장의 공급과 수요의 원칙에 종속되지 않고 공평하게 배분될 것이다.

돌봄 인프라 탈시장화하기

자본주의 시장의 고질적인 돌봄 결핍에 대해서는 어떻게 해야 할까? 우리는 어떻게 자본주의 시장이 돌보는 삶의 모든 영역으로 무자비하게 확장되는 것을 막을 수 있을까? 이원화된 전략이 필요하다.

첫째, 우리는 모든 돌봄 분야와 인
프라의 마구잡이식 파괴적 시장화
에 시급하게 저항해야 한다. 둘째,
우리는 자본주의 시장에 맞서 더 많
이 돌보고 공평하며 생태사회주의
적인 대안 구축을 시작해야 한다.

우리의 돌봄 공공재와 인프라를 재사회화하고 (아웃소
싱이 아니라) 인소싱하는 것이 좀 더 돌보는 경제로 향해
나아가는 여정의 핵심 전제이다. 보건의료, 교육, 주택 같
은 경제의 핵심 부문이 너무 오랫동안 무자비한 시장화와
민영화를 앞세우는 신자유주의 도그마에 종속되어 있었
다. 분명 코로나바이러스 위기보다 이를 잘 드러낸 예는
없을 것이다. 몇 주 동안 경제 최선진국들은 국가 보건의
료제도에 엄청난 규모의 재투자를 시작했고, 공공의 이익
보다 사업수익을 매우 위험할 만큼 우선시했던 민관 협력

관계를 중단했다. 스페인 같은 국가는 모든 민영 병원과 보건의료 서비스 제공기관을 국유화했다. 미국과 영국을 포함한 많은 국가가 마스크와 인공호흡기를 공급하기 위해 기존 산업시설을 용도 전환했다. 다른 말로 하자면 돌봄은 시장 논리와 양립할 수 없다는 점이 정곡을 찌른 것이다.

그러나 동시에, 엄밀하게 보면, 시장화된 논리가 뿌리 깊었기 때문에 정곡을 충분히 찔렀다고는 할 수 없다. 미국에서는 무자비한 내수 시장이 병원용 보호장구와 인공호흡기의 가격을 올렸다. 영국에서는 정부가 기업들에 협조를 종용하고 EU와 공공 부문의 자원을 이용하는 데 실패했고, 그 결과로 위기의 최전선에 있는 의료계 종사자들을 위한 돌봄이 끔찍하게 부족해졌다.[2]

우리는 온갖 다양성과 복잡성 속에서도 돌봄 인프라를 탈시장화할 필요가 있다. 그러나 어떤 종류의 시장이든 상품과 서비스가 교환된다는 의미에서 자원의 재분배에

---

2 Richard Horton, 'Offline: Covid-19 and the NHS – "A National Scandal"', thelancet.com, 28 March 2020 참고.

핵심 역할을 할 것이라는 점을 인정한다면 우리는 돌보는 사회에서 시장의 좀 더 폭넓은 위치를 재고하고 재구성해야 한다. 케이트 래워스가 말했듯이 우리는 모든 시장이—자본주의 시장이든 다른 종류든 간에—이미 특정한 법적·정치적·문화적 규제 안에 자리 잡고 있음을 인지하고 시장을 **재규제**해야 한다. 시장의 역할을 재구성하는 데 있어서 우리는 시장의 분배 기능의 혜택을 받는 쪽은 돈 많은 계층이 아닌 모든 사람과 지구라는 것을 확실히 해야 한다.

시장 재규제와 탈물신화

시장 재규제와 재구성은 협동조합, 국유화, 진보적 지방자치제, 지역화, 인소싱, 공공-공동 파트너십 등 여러 형식을 통해 진행될 수 있다. 모두 시장과 생산과 소비가 집단화·사회화뿐 아니라 민주화되는 방법이다. 이와 같은 전략을 통해 소비자와 생산자, 돌봄 제공자와 돌봄 수혜자는 다시 연결되어야 한다. 다시 말하면, 우리는 시장에 대한 숭배에서 벗어나야 한다. 상품 간의 관계로 대체되었던 사회관계, 교환가치로 대체되었던 돌봄 가치를 다시 돌려놓아야 한다는 말이다. 이는 오랫동안 사파티스타[3] 생산자들과 그리스 소비자를 직접 연결해주는 아테네의 소규모 단체들부터 이미 상당한 규모로 자리 잡아 GDP의 10% 정도를 차지하는 스페인의 연대경제 단체까지 상향식 운동의 의제였다.

물신화에서 벗어나고 인간과 비인간에 대한 착취로 이어지는 긴 상품 사슬의 가시성을 강화하는 것도 세계 곳곳의 협동조합 노동자들을 지원해온 몇몇 좀 더 진보적인 공정거래 활동의 목표다. 그러나 공정거래는 퇴보적이고 착취적 이면을 가진 자본주의 경제 안에서 틈새 산물로만 존재할 수 있다.

탈물신화는 그래서 좀 더 엄격하고 포괄적인 **재규제**를 통해 이루어질 필요가 있다. 현행법과 규제는 신자유주의적 용도를 넘어 근본적으로 확장되고 개선되고 변화되어

3　(옮긴이) 멕시코 원주민 권익 옹호를 표방해 무장투쟁을 벌여온 사파티스타 민족해방군

야 한다. 예를 들면 영국의 '현대 노예법'과 미국의 캘리포
니아 '공급 체인 투명성 법'은 이에 대한 출발점을 마련했
지만, 그 시행을 NGO와 '소비자'의 선한 의지에 의존하
기 때문에 신자유주의적 시장 논리에 근본적으로 대항하
는 데는 역부족이다. 이는 기업과 정부의 책임을 비껴가
려는 시도의 일환으로, 소비자에게 더 많은 책임을 전가
하려한 오랜 역사를 기반으로 한다. 보통 사람들이 그러
한 제도적인 나태함에 책임감이나 죄책감을 느끼도록 강
요당해서는 안 된다. 우리는 개인주의자인 소비자의 선택
보다 돌보는 시민권의 모델을 우선시해야 한다. 몇몇 기
업과 정부 기관이 표방하는 선택적 투명성이 아닌, 광범
위하게 확대된 탈물신화를 통해서만 현 체제의 고질적인
비참한 돌봄 실패 문제를 다루기 시작할 수 있다.

　돌보는 시장, 생태사회주의 시장은 또 소유와 생산과 소
비 방식에 대해서도 다룰 것이다. 공공재의 국유화부터
노동자 협동조합에 이르기까지 현재 존재하는 모든 대안
경제의 공통점은 재규제되고 민주적으로 운영되는, 그래
서 최대한 평등하고 참여적이며 환경적으로 지속가능한
시장에 대한 요구라는 것이다.

사회와 지구에 대한 염려가 이익보다 우선시되어야 한다. 협력적인 상호지원 네트워크에 중점을 두고 모든 이의 돌봄 요구에 따라 사회적·물질적 부를 재분배하는 돌보는 경제구조가 필요하다. 오늘날 부는 역사적으로 전례 없는 규모로 세계 곳곳에서 자본가계급 내에서 유용되고 배분된다.

올바른 방향으로 가고 있는 구조가 협동조합이다. 우리가 이미 보았듯이 세계에서 가장 규모가 크고 성공적인 노동자 소유 협동조합인 스페인의 몬드라곤이 한 예다. 몬드라곤은 1950년대 프랑코 장군의 파시스트 정권에 대응하기 위해 생겼으며 현재 7만 4,000명이 넘는 노동자를 고용

하고 있다. 몬드라곤은 농업과 소매업부터 은행, 대학에 이
르기까지 다양한 분야에서 운영되는 100여 개의 노동자
협동조합을 네트워크로 연결하며, 현재 스페인 10대 기업
중 하나다. 세계 전체를 보면 이와 같은 아래로부터 형성
되는 협업, 돌봄, 노동자에 대한 존경, 민주주의, 환경의 지
속가능성 사례들은 훨씬 많다. 상향식 사회·경제적 변화
의 씨앗은 오랜 역사가 있으며 여러 곳에서 그 싹을 틔웠
다. 이는 디노스 크리스티아노풀로스Dinos Christianopoulos
의 1978년작 시에서 빌려온, 전 세계적으로 연대경제 활
동가들이 자주 인용하는 슬로건에도 잘 담겨 있다.

> "너희는 우리를 묻어버리려고 했지/
> 그러나 너희는 우리가 씨앗이었다는
> 것을 잊었지!"

마지막으로 어디에서든 가능하다면 시장은 지역화되어
야 한다. 지역 시장이 생산자, 거래자, 소비자 간의 관계를

더 잘 발전시킬 수 있다. 지역 시장은 지역의 요구에 부응하고 지역 특색을 찾고 공동체를 만드는 일을 활발하게 하며 초국가적 자본의 이윤 추구에 방패를 제공해주는 동시에 (돌봄이라는) 목적에 더 적합하게 사용되도록 만든다. 지역 시장은 편협하고 가부장적인 논리에 의해 추동되기보다는 지속가능성과 초지역적 연대라는 이념에 깊게 뿌리내리고 있을 것이다. 그린뉴딜Green New Deal 단체의 공동 창립자인 콜린 하인스Colin Hines가 오랫동안 주장했듯이 지역 경제의 재생은 거래를 다시 인간적으로 만들고 글로벌 노스와 글로벌 사우스 모두에서 행해지는 노동자와 환경권의 제도적 남용에 맞설 수 있는 잠재력을 가지고 있다. 그렇게 되기 위해서는 시장의 지역화가 진보적이고 초국가적인 연대문화의 일부가 되어야 한다. 그리고 우리가 앞에서 논의하기 시작한 것처럼, 기후위기는 특히 글로벌 노스에서 탄소 배출이 심한 소비 습관을 과감하게 버려야 한다는 것을 의미한다.

그러나 각 국가의 정부가 초국가적 자본에 대항하기를 원치 않고 이에 따라 현재의 시장 범위가 지속적으로 진화하고 있으므로, 우리는 그 범위를 재구상하고 재규정

해야 한다. 현재 돌봄 체계를 장악하고 있는 그림자 경제
와 탈규제화된 금융시장을 철폐하기 위해 힘쓰는 것으로
부터 시작할 수 있다. 이러한 상황은 설명은커녕 거의 알
려지지도 않았다. 앤 페티포가《그린뉴딜 사례》라는 저서
에서 설명했듯이 그림자 은행업—어떤 정부의 규제도 받
지 않는 해외에 기반을 둔 금융업체의 활동—규모는 현재
185조 달러에 달하고, 이는 세계 GDP의 세 배쯤 된다. 그
러나 이런 유사은행 업체들은 공공 금융자산의 안전성에
기대어 생존하고 평범한 시민들의 세금으로 지원받는다.
해외로 나간 자본은 국내로 다시 들여와야 하고 글로벌
엘리트가 아닌 모두의 이익을 위해 사용되어야 한다.[4]

　알고리즘으로 움직이는 자본주의의 부상과 디지털 공
유지의 전유는 돌봄의 진보적인 모델을 구축하는 데 어려
움을 더한다. 우리가 이해할 수 있는 범주를 넘어 날이 갈
수록 정교해지는 데이터 분석을 통해 돌봄 활동에 대한
전방위적인 감시가 가능해진 것이다. 여론 조작부터 돌봄

4　letschangetherules.org/policies-andsolutions/finance 참고.

에 무관심하도록 '설계된' 데이터 장치(예를 들면 환경과 공급망의 투명성을 피하는 스마트 냉장고)까지, 빅데이터와 인공지능은 이미 우리의 (돌보는) 삶의 모습을 적극적으로 바꾸고 있다.[5]

오프라인 공유지처럼, 우리는 우리의 온라인 또는 디지털 공유지가 개인 간(P2P) 생산 방식을 포함해 민주화되고 공적·집단적으로 소유되며 운영되는 생산 방식이라고 주장해야 한다. 예를 들면 브로드밴드와 여타 디지털 인프라의 국유화가 이에 속한다. 마찬가지로 '플랫폼 협동주의'는—페이스북, 유튜브, 우버, 에어비앤비 같은 자본주의적 혁신에 반하는 것으로서— 돌보는 경제를 창조하는 데 근간이 된다. 예를 들면 윤리적 주택 공유 사이트인 페어비앤비Fairbnb는 지속가능한 프로젝트를 위해 수수료의 50%를 지역 공동체에 돌려준다는 목표를 가지고 에어비앤비의 비즈니스 모델에 정면으로 도전한다. 페어비앤비 플랫폼은 거기에서 일하는 사람들, 그 서비스를 이용

---

5 Carole Cadwalladr, 'Fresh Cambridge Analytica leak "shows global manipulation is out of control"', *Guardian*, 4 January 2020 참고.

하거나 서비스 이용에 영향을 받는 사람들이 공동으로 소
유하고 관리한다. 좀 더 나아가 바르셀로나는 급진적 지
방자치 원칙을 적용해 플랫폼 협동조합과 노동자단체와
공동체 간의 연대를 장려해왔다. 이는 시민에 의해 통치
되는 디지털 인프라를 통해 집단적이고 민주적으로 이루
어지는 협력적인 해결책에 대한 지원을 포함한다.[6]

　이러한 모든 방법을 통해 우리는 좀 더 돌보는 시장과
경제를 만들 수 있다. 공유지를 구축하고 발전시키고 생
산과 소비의 영역을 집단화하는 것이 돌봄 역량을 지닌
생태사회주의 경제를 창조하는 열쇠다. 이는 협동조합과
인소싱부터 핵심 서비스의 국유화에 이르기까지 탈물신
화, 재규제, 시장의 지역화 그리고 더욱 민주적이고 사회
화되고 평등한 소유의 형식을 도모한다. 동시에 우리는
경제의 핵심 영역을 **탈시장화**하고 통제를 벗어난 돌봄 인
프라의 사유화와 금융화에 맞서야 한다. 그러나 돌봄에
더 많은 관심을 가지는 생태사회주의 시장은 조심스럽게

6　예를 들면 decidim.barcelona.

제어되고 민주화된 경제, 즉 사람이나 지구의 희생을 대가로 기능하지 않는 제도에 의해서만 만들어질 수 있다.

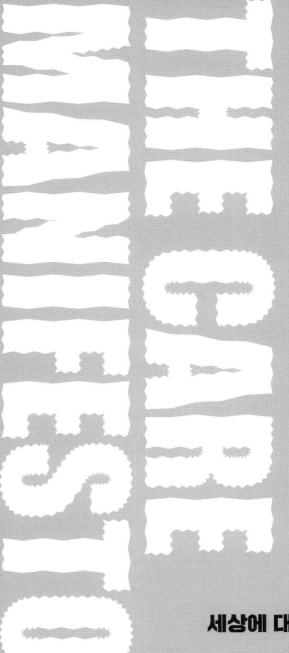

THE CARE
MANIFESTO

6장
세상에 대한 돌봄

우리의 광대한 상호의존

모든 형태의 생명체를 지속하게 하고 보살필 수 있는 좀 더 돌보는 세상을 어떻게 만들 수 있을까?

전 지구적 차원에서 무관심의 문제를 다루는 것은 우리를 '상호의존의 정치학'으로, 우리가 서로 연결된 복잡한 세상에 살고 있다는 피할 수 없는 사실로 되돌아가게 한다. 이는 국경을 넘어 빠른 속도로 퍼진 신종 코로나바이러스 팬데믹으로 인해 갑자기, 그리고 너무나도 명확하게 증명되었다. 결국 명백한 국가적 우선순위에—자본주의부의 보호든 보건의료 종사자들에 대한 염려든—의해 형성된, 정부 차원에서 정해진 여러 결정이 바이러스의 지구적 생존과 우리 자신의 생존에 영향을 미쳤다. 동시에, 역설적으로, 전 지구적 록다운은 뜻하지 않게 우리가 만들 수 있는 더 나은 세상의 모습을 잠깐 단편적으로나마 엿보게 해주었다. 우리는 국가 간 장비 공유, 향상된 공기 질, 지역의 상호원조 활동, 그리고 노동시간 단축을 목격했다. 우리는 또 직접적인 돌봄과 다른 여러 형태의 필수 노동의 가치가 인정되고 고맙게 여겨지는 것을 목격했다.

즉 팬데믹은 우리의 삶이 지속되는 데 결정적인 필수 기능들을 극적으로 또 비극적으로 조명했다. 간호사, 의사, 택배기사들과 쓰레기 수거 노동자들의 노동을 말이다.

그러나 또 초국가적 연대와 협력이 얼마나 중요한가를 드러내기도 했다.

재앙 직전인 세상을 되돌리기 위해서 사회의 모든 수준과 계층과 영역에서 돌봄이 우선시되고 제대로 기능해야 한다—가족 단위부터 공동체에 이르기까지, 국가에서부터 현재는 글로벌 기업들과 금융자본의 영역인 초국가적 전략에 이르기까지. 현재 우리가 사는 세상의 황폐함 밑바닥에는 바로 전 지구적 불평등이 있다. 우리의 보편적 돌봄 모델을 전 지구적 차원으로 '확장'하기 위해서 우리는 민주적인 세계시민주의를 포용하며, 상호의존과 자원

공유에 바탕을 둔 초국가적 기관들과 글로벌 네트워크와
동맹을 발전시켜가야 한다.

초국가적 기관들과 돌봄의 글로벌 가치평가

돌봄 역량은 국가에 의해 형성되지만, 또한 국가를 넘어
서 확장된다. 이는 구성 원칙으로 돌봄을 기반에 두어 신
자유주의적 자본주의 논리가 아닌 돌봄 논리에 의해 재
형성되는 초국가적 기관, 정부 간 단체, 정부 기관, 정책을
구축하는 것을 의미한다.

따라서 세상에 대한 돌봄은 국가들이 함께 그린뉴딜을
추진하는 것을 의미한다. 최근 몇십 년간 이는 다각적인
사회 정의 전략으로 진화했고 노동·에너지·금융제도를
재구성하는 연합 정책들을 통해 기후위기를 다루었다. 이
런 아이디어의 진화는 그 자체가 국내적이면서 초국가적
성격을 띤다. 그것은 2000년대 영국에서 다양한 양상으로
나타났는데, 특정한 국제주의 입장이 NGO 환경단체 활
동가들과 노동조합원들과 경제학자들에 의해 성문화되었

다. 2010년대에는 미국에서 좀 더 국내에 국한된 입장이 알렉산드리아 오카시오코르테스Alexandria Ocasio-Cortez와 그녀의 팀에 의해 다시 활발히 진행되었다.[1]

오늘날 그린뉴딜은 국제적 좌익 구상의 중요한 부분이다. 인간적이고 실현 가능하며 합리적인 비용으로 전 지구적 기후위기의 악몽을 해결할 방법이기 때문이다. 그린뉴딜 프로그램의 근본은 에너지 시스템의 탈탄소화다. 화석 연료의 사용을 중지하고 재생에너지에 대규모 투자를 하는 것이다. 따라서 그린뉴딜은 노동 패턴의 변화를 동반한다. 더 많은 '녹색 일자리'의 창출과 동시에―재생 가능한 것, 보존, 나무 심기, 재再야생화의 거대한 확장을 통해―탄소 배출을 줄이고 돌봄 시간과 능력을 확대하기 위해 노동시간 단축을 실행한다.

그러나 그린뉴딜만으로는 충분치 않다. 현재 권위주의적 전선에 직접 맞설 글로벌 좌파 동맹을 만드는 것이 시급하다. 진보적인 좌파 활동가들과 단체들의 연합을 목

1 Ann Pettifor, *The Case for the Green New Deal*.

표로 하는 버니 샌더스Bernie Sanders와 야니스 바루파키스 Yannis Varoufakis가 이끄는 진보주의 인터내셔널Progressive International이 잠재적 글로벌 좌파 동맹의 좋은 예다. 돌봄에 바탕을 두는 구성 원칙으로 초국가적 기관들과 정부 기관들도 필요하다. 현재 한계가 무엇이든 간에, 초국가적 돌봄에 관여하는 세계보건기구(WHO)를 그 사례로 볼 수 있다. 도널드 트럼프가 필사적으로 와해시키려 한 바로 그 기관이다. 또 UN 교육 부서의 지원을 받는 가난한 나라들의 요구에 중점을 둔 지속가능한 발전 프로젝트들에서도 비슷한 점을 볼 수 있다. 인도 경제학자이며 철학자인 아마르티아 센Amartya Sen이 중요한 역할을 해온 세계발전경제학연구소(WIDER)도 한 예다. 센이 1980년대에 영향력 있는 '잠재가능성 접근Capability Approach' 이론을 개발한 것도 바로 WIDER에서였다. 이 이론은 '빈곤'을 좋은 삶을 영위할 수 있는 잠재가능성의 상실이라는 의미로 재규정하고, '발전'이라는 개념을 경제를 넘어 사람들이 어디서 살든 사회생활에 참여할 수 있는 잠재가능성을 확장하는 것으로 폭넓게 정의했다. 이러한 잠재가능성 접근은 이제 전 세계적으로 진보주의 네트워크에서 포용된다.

우리는 이러한 기존의 진보주의 초국가적 기관들을 기반으로 삼아야 한다. 그래서 그 기관들이 권력자들의 명령이 아닌 전 세계 사람들의 요구를 반영하도록 해야 한다. 지금까지의 엄청난 환경파괴에 대한 책임은 바로 힘 있는 국가에 느슨하게 연결되어 있는 글로벌 기업들과 금융기관들에 있다. 황폐해진 환경은 세계의 가장 빈곤한 국가 경제와 사람들에게 불균형하게 영향을 미쳤다. 이러한 어려운 경제 상황은 많은 경우 서구 제국주의와 신식민주의의 유산이다. 예전에 식민지였던 곳들이 빚을 갚느라 수십 년간 돈에 쪼들리면서 서비스 인프라를 약화시키고 많은 사람을 빈곤에 몰아넣었다. 글로벌 돌봄을 우선시하는 것은 필연적으로 글로벌 불평등을 해소하기 위해 힘쓰는 것을 의미한다.

옥스팜의 최근 보고서 《돌보는 시간*Time to Care*》은 진보적인 조세 제도를 통해 부와 가치의 글로벌 불평등 문제 해결을 위해 노력함으로써 돌봄 위기를 다루어야 한다고 강조한다. 우리는 부채 탕감과 더불어 억만장자에게 과세하고 '모든 억만장자는 정책 실패의 증거'임을 인지하는 정치인들과 정책이 당장 필요하다. 이는 팬데믹 동안 240

억 달러를 벌어들이면서 직원들의 병가를 허용하지 않은 아마존 CEO 제프 베조스Jeff Bezos 같은 사람들에 맞서 싸우는 것을 의미한다. 글로벌 불평등을 해결하는 것은 국내뿐 아니라 국제 금융기관들을 근본적으로 재구성하는 것을 포함하는데, 이들이 자금을 사람, 공동체, 지구를 돌보는 데 투자하지 않고 해외의 글로벌 엘리트에게 빼돌리는 것을 막기 위해서다.

현재 금융 규제 완화는 신용거래 확대와 환경적으로 지속 불가능한 소비를 촉진한다. 금융사기는 실질적으로 비범죄화되었다. 미국 달러의 헤게모니가 금융 규제 완화와 금융사기 둘 다를 부추겼다. 세계 부의 3분의 1이 현재 해외 계좌에 있다. 우리는 지역과 공동체 차원에서 **아웃소싱**이 아닌 **인소싱**을 해야 하고, 그래서 해외로 빠져나간 자금을 국내로 들여와 책임을 회피한 억만장자들을 국가의 규제 안으로 '다시 불러들여야' 한다. 이는 우리가 이미 설명한 바와 같이 여성주의 경제학자들과 탈성장, 그리고 지구의 생물다양성을 재생하고 글로벌 부를 재분배하는 방법을 보여준 환경운동가들의 아이디어들을 받아들이고 발전시키는 것을 의미한다. 국가는 글로벌 엘리트들에게

'제동을 걸' 수 있고 그래야만 한다. 예를 들면 수익을 재분배하는 국제 금융 거래세를 적용할 수 있다. 미국 경제학자 제임스 토빈James Tobin이 발의한 이 안은 현재 여러 유럽 국가의 지지를 받는다.

세상을 위한 돌봄은 모든 국제기관과 네트워크를 쇄신하고 민주화하는 것을 아우른다. 그들이 세계 자원의 재분배가 이루어지도록 하고 모든 국가와 사람들이 잘 사는 데 필요한 돌봄과 공유 인프라 구축을 도와줄 수 있도록 말이다.

돌보는 관계의 글로벌 동맹

진보주의 초국가적 네트워크는 기존의 네크워크를 바탕으로 확장할 수 있다. 전 지구적인 무관심을 문제 삼는 것이 단순히 이웃이나 개인 차원에서 떠맡을 수 있는 일이 아니고 국가적·국제적 개입이 요구되는 일이지만, 결국 진보적인 변화는 수많은 사람이 모든 종류의 맥락에서 추진하지 않으면 일어날 수 없다.

세상에 대한 돌봄은 모든 영역에서
사회 인프라와 공유 공간의 재건과
민주화, 그리고 그 과정에서 진보적
운동과 기관들의 지원과 동맹을 확
장하는 것을 의미한다.

그와 같은 변화에 대한 요구는 종종 전투적인 풀뿌리 저항운동에서 시작되는데, 우리는 이를 최근 기후변화와 생물다양성 상실에 대항하는 사회운동의 폭발적인 증가에서 이미 보았다. 특히 2019년 멸종저항Extinction Rebellion(XR)에 의해 실행된 집회와 점유시위는 가장 인상적이었다. 이러한 행동들은 몇몇 국가(방글라데시, 영국, 포르투갈, 프랑스, 아르헨티나)에서 몇 달 후 의회가 기후비상사태 선언을 의결하는 데 공헌했다.

역사적으로 풀뿌리 저항은 종종 대단히 놀라운 결과를 만들어냈다. 일시적으로나마, 2012년 아랍의 봄에서 본 것처럼 탄압하는 정부를 무너뜨리거나, 배수관 설치, 채

굴, 파쇄, 삼림 벌채 또는 댐 건설 등으로 비롯되는 환경 위해를 저지하기도 했다. 레베카 솔닛Rebecca Solnit이 언급했듯이 '모든 저항운동은 세상의 균형을 바꾸거나' 그럴 수 있는 잠재력을 가지고 있다. 어떤 한 곳에서 발생한 저항의 양식이 억압을 받는다 해도 지리적 경계를 뛰어넘어 다른 지역에서, 심지어 지구 반대편에서 또 다른 형식으로 싹을 틔울 수 있다. 예를 들면 현재 남미, 특히 칠레의 민중 반란은 아랍 세계 반란의 영향을 받았다. 스탠딩 록의 인디언 보호구역을 통과하는 다코타 액세스 송유관에 대한 저항은 알렉산드리아 오카시오코르테스가 하원의원에 출마하도록 영감을 주었다. 스탠딩 록과 같은 현장 활동은 미국 원주민들에게 그들의 땅을 지킬 수 있다는 새로운 희망과 힘을 주었고, 또 한편으로는 정부 차원에서 그린뉴딜에 관한 새로운 법률 제정을 위해 애쓰는 사람들을 도왔다.

따라서 우리는 '두려움 없는 도시Fearless Cities' 같은 급진적 지방자치운동에서 국제노동조합연합(ITUC)과 여타 국제산별연맹(GUFs) 같은 글로벌 노동자연합에 이르기까지 현재 이미 존재하는 모든 진보주의 초국가적 네트워크를 키워나가야 한다. 수많은 초국가적 여성주의자들의 정의와 평화 네트워크도 있는데, 최근 가장 두드러지는 것은 여성행진Womens' March과 여성파업운동Women's Strike moments이다. 글로벌 여성파업운동은 부분적으로 2016년 10월 '검은 월요일', 폴란드 우익 정부가 낙태 범죄화를 고려한 데 대항한 폴란드 여성의 전국적 파업에 영향을 받았다. 또 아르헨티나, 멕시코, 칠레, 엘살바도르와 브라질에서 일어난 여성살해에 저항한 니 우나 메노스 운동#NiUnaMenos('단 한 명의 여성도 잃을 수 없다Not one woman less')의 영향도 받았다. 영국과 미국의 저항활동들은 여성의 무임금 또는 저임금 돌봄 노동에 대한 전 지구적 의존에 특별히 중점을 두면서, 전 세계를 가로질러 여성들이 주도하는 다른 대중 운동들과 명확하게 연결한다. 우리는 또 진보적 윤리가 국가 정책으로 수렴되는 것을 볼 때마다 배우고 세상에 널리 알릴 수 있다. 뉴질랜드와 핀란드 같은 나라들은 기후변화와 환경보호에 대한 교육 자료를 학교 교과과정으로 통합함으로써 앞서나가고 있다.

　과거를 돌아보고 최근 사회운동의 초국가적 확산을 인

지하는 것은 매우 중요하다. 왜냐하면 이러한 현상들이 우리를 이미 연결하고 있는 기존의 네트워크를 바탕으로 더욱 발전시켜나가야 한다는 것을 분명하게 보여주기 때문이다. 그러나 지구적 차원의 돌봄과 우리가 모두 공유하고 있는 글로벌 생태계를 이해하기 위해서는 국가 간 경계에 대한 기존의 이해를 변화시키고 근본적으로 민주적인 일상적 세계시민주의를 양성해야 한다. 이것은 외국인혐오를 드러내는 우익 포퓰리즘이 성행하고 있는 시기에 특히 시급하다.

국경

'돌봄 선언'의 중심에는 세계의 자원을 환경적으로 지속 가능한 방식으로 분배할 뿐 아니라 인구를 더욱 공평하게 지속시키고 사람들 간의 불만과 분노를 줄여 다름을 넘어 관계를 창조하는 방식으로 재분배하라는 요구가 있다.

국가들은 자국민들뿐만 아니라 망명 신청자들과 이민자들도 돌봐야 한다.

따라서 더욱 돌보는 세상을 이루기 위해서는 좀 더 느슨한 국가 간 경계가 매우 중요하다. 신자유주의도 나름의 비뚤어진 방식으로 국가 간 경계를 없애려 하는데, 노동보다 자본을 우선시하는 그 방식은 우리가 현재 경험하고 있는 매우 일관성 없고 적대적이며 인종차별적인 국경 제도를 만들었다.

그러나 우리가 민주적 투명성을 가진 돌보는 국가가 금융시장을 대체하여 자원 분배의 장으로 우선시되기를 원한다면, 근본적으로 다른 종류의 국경이 필요하다.

국경은 현재 국수주의로 수렴되는 내분을 만들기보다는 국가의 가장자리로 되돌아가야 하고 근본적으로 축소

되어야 한다. 이는 국민을 국경 수비대로 이용하는 것을
중지하는 것뿐 아니라 난민이나 이주민들이 끝없는 무국
적 상태에서 경계에 머무는 '회색지대'를 없애는 것을 의
미한다. 국경은 그것을 넘고자 하는 모든 이들에게 열려
있어야 하며, 이주가 지구상 특정 지역의 인구 부족이나
과밀을 초래하지 않도록 초국가적으로 조율되어야 한다.
이는 가난, 전쟁, 또는 환경 재해 등 사람들이 고국을 떠날
수밖에 없도록 하는 요인들이 상당히 감소했을 때 가능할
것이다. 그래서 여기서 우리는 불평등을 해소하고 돌봄의
공평함을 창조하기 위해 그린뉴딜로 다시 돌아온다. 사실
우리가 지속가능한 세상에서 만족스러운 삶을 독려받기
를 희망한다면 한 바퀴를 빙 돌아 피할 수 없는 상호의존
성의 문제로 다시 돌아올 수밖에 없다.

돌봄의 상호의존성

　돌보는 세상을 구축하는 것은 우리를 선언문의 시작점
으로 되돌아가게 한다. 즉 우리가 살아 있는 생물체로서

다른 모든 인간·비인간 존재들과 공존하고 연결되어 있다는 것, 지구의 생명을 지속시키는 생물·무생물 체계와 연결망에 의존한다는 것을 적극적으로 이해하는 데서부터 시작하도록 한다. 우리 모두 필연적으로 타인에 대해 양면성을, 심지어는 공격성을 지니고 있다는 것을 인식해야 한다. 이것은 특히 가장 멀리 떨어진, 모르는 사람들과의 관계에서 사실이고, 가장 가까운 사람들과의 관계에서도, 양면성이 종종 억제되긴 하지만 마찬가지일 수 있다. 주디스 버틀러Judith Butler에 의하면 이것이 바로 우리가 일단 복잡한 갈등 관계에 함께 얽혀 있다는 것을 인정하면—그 강력한 결과와 우리가 공유하고 있는 취약성과 상호의존성을 아울러 인식하면—우리가 지구적 차원에서 새로운 돌봄에 대한 상상을 발전시킬 수 있는 이유다.[2]

이러한 돌보는 세상을 만드는 것은 무엇보다 먼저 우리의 상호의존성을 공언하고, 모든 관계에서—사회운동에서 국가 간 관계, 또 비인간 생물체와 지구적 차원에 걸쳐—

---

2 Judith Butler, *The Force of Nonviolence: The Ethical in the Political*(Verso, 2020).

돌봄과 연대의식의 광범위한 윤리를 키워나가는 것을 의미한다. 돌보는 사회는 오로지 무관심한 민족주의적 상상력을 극복하고 근본적으로 민주적인 세계시민주의 주체, 다름과 거리를 넘어 돌봄을 실천하는 사람들 사이에서 진정으로 초국가적인 전망을 조성함으로써 구축할 수 있다.

진정한 글로벌 정치는 우리가 일상적 세계시민주의라고 일컫는 것, 즉 지구적 차원의 난잡한 돌봄을 포용하는 것을 요구하는데 이는 우리의 돌봄에 대한 상상력을 친족 단위, 공동체, 국가를 넘어 지구의 가장 '낯선' 지역의 가장 먼 곳까지 확장한다. 세계시민주의 주체란 문자 그대로 '세계의 시민들', 세계를 돌보려는 마음을 품고 있는 사람들이다.

낯선 사람들에 대한 염려는 쉽게 만들어지는 감정이 아니지만 외국인에 대해 편안한 마음을 갖는 것은 그렇게 어려운 일은 아니다. 일상적 세계시민주의는 역사적으로 서로 이방인으로 여겨지던 사람들이 일상생활을 통해 뒤섞이고 만나는 도시의 삶에서 상당히 자발적으로 일어난다. 폴 길로이Paul Gilroy는 이를 '유쾌한 문화convivial culture'라고 칭했고, 미카 나바Mica Nava는 '본능적 세계시

민주의'visceral cosmopolitanism'라고 말했다.**3**

돌보는 세계시민주의 주체는 만나는 사람이나 지역에 대한 돌보는 마음 없이 지구를 돌아다니는 부유한 자들이 아니라, 민족주의의 공허한 확신을 꿰뚫어보고 낯선 사람에 대해 초국가적 돌봄을 지향하려 하는 사람이다. 세계시민이 된다는 것은 낯섦과 마주했을 때 편안함을 느끼고, 특정 시간과 장소에서 어떤 종류의 다름과 마주치든 간에 우리는 다름과 공존할 수밖에 없음을 안다는 것을 의미한다.

덧붙이는 글

돌봄 선언은 '보편적 돌봄'이라는 퀴어-페미니즘-반인종차별주의-생

---

3 Paul Gilroy, *After Empire*(Routledge, 2004); Mica Nava, *Visceral Cosmopolitanism*(Berg, 2007).

태사회주의의 정치적 비전을 제안한다. 보편적 돌봄은 직접적인 돌봄 노동뿐 아니라 타인들과 지구의 번영에 대해 관여하고 염려하며 공동으로 책임을 진다는 것을 의미한다.

진정으로 집단적이고 공동체적인 삶의 형식을 되찾는 것과 자본주의 시장의 대안을 수용하고 돌봄 인프라의 시장화를 환원시키는 것을 의미한다. 또한 우리의 복지국가를 중앙정부와 지역 차원 모두에서 회복하고 근본적으로 심화시키는 것을 의미한다. 그리고 마지막으로 초국가적 차원에서 그린뉴딜을 창조하는 것, 돌보는 국제기관들과 좀 더 느슨한 국경, 일상적 세계시민주의를 구축하는 것을 의미한다.

우리는 전례 없는 세계적 록다운 시기에 이 선언을 마친다. 우리가 보여준 것처럼 코로나바이러스 팬데믹은 신자유주의의 공포를 여실히 드러냈다. 그러나 돌봄에 대한 논의에 활력을 불어넣기도 했다. 제한적이긴 하지만 말이다.

현재 글로벌 재앙은 분명히 심오한 파열의 순간이다. 역사적으로 파열은 근본적으로 진보적인 변화의 길을 만들었다. 2차대전이 발발하자, 많은 서구 국가가 복지를 늘렸고 이전에 유럽 식민지였던 곳들에서 성공적인 독립 투쟁이 일어났다. 그러나 파열은 2007-2008 금융위기 경우처럼 민족주의와 권위주의의 성장을 촉발하고 새로이 탄력을 받은 자본주의를 일으키기도 했다.

오늘날 우리에게 주어진 도전은 이전의 근본적인 변화에 바탕을 두고 발전시키는 것이다. 우리가 이 선언문에서 설계한 비전을 성취한다는 것은 코로나바이러스가 남긴 유산이 강화된 신자유주의적 권위주의가 아니라, 돌봄이 사회의 모든 수준에서 중심이 되는 새로운 정치를 보장하는 체계를 세우는 것을 필연적으로 의미한다. 우리는 이러한 보편적 돌봄이라는 비전이 중요하지만 벅찬 프로젝트라는 것을 안다. 그러나 현재 신자유주의 규칙들이 무너지는 파열의 시기에 우리는 드문 기회를 맞았다.

구조적인 무관심과 돌봄의 부재가
모든 곳에서 눈에 띄기 시작했다.
어떤 상황에서든 그 복잡성은 존재
하지만 일단 돌봄에 대한 공언으로
시작하자. 그리고 가능한 모든 곳에
좀 더 지속적이고 참여적인 돌봄에
대한 전망과 맥락과 인프라를 구축
하는 것으로 시작하자.

THE CARE MANIFESTO

감사의 글

우리에게 《돌봄 선언》을 집필하도록 용기를 북돋워주고 지원해준 버소 출판사의 로지 워런과 리오 홀리스에게 감사를 표한다. 또 원고를 읽고 조언을 아끼지 않은 수 히멜웨이트, 니브 고든, 앨런 브래드쇼, 그리고 제러미 길버트에게도 고마움을 표한다. 우리를 초대해서 이야기를 나누고 생각을 공유하게 해준, 또 여러 장소에서 우리에게 자리를 마련해준 사람들이 있다. 헬렌 우드, 레스터의 CAMEO, 노르웨이의 아그네스 볼쇠와 시리 외위슬레뷔 쇠렌센, 베벌리 스케그스와 그녀의 돌봄 그룹, LSE의 세라 배닛와이저, 버크벡 대학과 HDCA 학회에 초대해준 조너선 그로스에게 감사한다. 훌륭하게 편집해준 로나 스콧폭스에게도 감사한다. 선언문의 특성상 지면의 제한 때문에 일일이 언급할 수 없지만 우리는 돌봄에 관해 다른 방식으로 일하고 있는 많은 이들의 생각에 빚을 졌다. 마지막으로 동료들, 대가족과 친구들, 특별히 데이비드와 조와 노아에게 그들이 보내준 끊임없는 지지와 무엇보다도 돌봄에 고마움을 표한다.

더 읽을 자료

- Alexander, Sally. 'Primary Maternal Preoccupation: D. W. Winnicott and Social Democracy in Mid -Twentieth Century Britain', in Sally Alexander and Barbara Taylor (eds.). *History and Psyche: Culture, Psychoanalysis and the Past*(Palgrave Macmillan, 2012), p. 149~72.

- Anderson, Bridget. *Doing the Dirty Work? The Global Politics of Domestic Labour*(Zed, 2000).

- Aronoff, Kate, et al. *A Planet to Win: Why We Need a Green New Deal*(Verso, 2019).

- Arruzza, Cinzia, Tithi Bhattacharya and Nancy Fraser. *Feminism for the 99%: A Manifesto*(Verso, 2019).

- Autonomy and NEF. *The Shorter Working Week: A Radical and Pragmatic Proposal*(2019).

- Benton, Sarah. 'Dependence', *Soundings: A Journal of Politics and Culture 70*(Winter, 2018), p. 61~62.

- Briggs, Laura. *How All Politics Became Reproductive Politics: From Welfare Reform to Foreclosure to Trump*(University of California Press, 2018).

- Butler, Judith. *The Force of Nonviolence: The Ethical in the Political*(Verso, 2020).

- Butler, Judith. *Precarious Life: The Powers of Mourning and Violence*(Verso, 2004).

- Byron, Paul. *Friendship and Digital Cultures of Care*(Routledge, forthcoming).

- CareNotes Collective. *Care Notes: A Notebook of Health Autonomy* (Common Notions, 2020).

- Chatzidakis, Andreas and Deidre Shaw. 'Sustainability: Issues of Scale,

Care and Consumption', British Journal of Management 29 (2) (2018), p. 299~315.

- Chatzidakis, Andreas Deidre Shaw and Matthew Allen, 'A Psycho-Social Approach to Consumer Ethics', *Journal of Consumer Culture* (2018), doi.org.

- Coffey, Clare, et al. *Time to Care: Unpaid and Underpaid Care Work and the Global Inequality Crisis*(Oxfam, 2020).

- Cooper, Davina. *Feeling Like a State: Desire, Denial, and the Recasting of Authority*(Duke University Press, 2019).

- Coote, Anna and Andrew Percy. *The Case for Universal Basic Services*(Polity, 2020).

- Crimp, Douglas. 'How to Have Promiscuity in an Epidemic', *October* (43) (1987), p. 237~71.

- Davis, Angela J. (ed.). *Policing the Black Man: Arrest, Prosecution, and Imprisonment*(Pantheon Books, 2017).

- de Angelis, Massimo. *Omnia Sunt Communia: On the Commons and the Transformation to Postcapitalism*(Zed Books, 2017).

- Dorling, Danny. *Peak Inequality*(Policy Press, 2018).

- Dowling, Emma. *The Care Crisis*(Verso, 2021).

- Duffy, Mignon. 'Doing the Dirty Work: Gender, Race, and Reproductive Labor in Historical Perspective', *Gender and Society* 21 (3) (2007), p. 313~36.

- Duffy Mignon, et al. (eds.) *Caring on the Clock: The Complexities and Contradictions of Paid Care Work*(Rutgers University Press, 2015).

- Ehrenreich, Barbara. *Nickel and Dimed: On (Not) Getting by in America*(Granta, 2010).

- Eisler, Riane. *The Real Wealth of Nations: Creating a Caring Economics*(Berrett-Koehler Publisher, 2008).
- Elson, Diane. 'Recognize, Reduce, and Redistribute Unpaid Care Work: How to Close the Gender Gap', *New Labor Forum* 26 (2) (2017), p. 52~61.
- Estes, Nick. *Our History Is the Future*(Verso, 2019).
- Farris, Sara R, and Sabrina Marchetti. 'From the Commodification to the Corporatization of Care: European Perspectives and Debates', *Social Politics* 24 (2) (2017), p. 109~31.
- France, David. *How to Survive a Plague: The Story of How Activists and Scientists Tamed AIDS*(Alfred A Knopf, 2016).
- Featherstone, David and Jo Littler. 'New Municipal Alternatives' (Special Issue), *Soundings: A Journal of Politics and Culture* 74, (2020).
- Folbre, Nancy. *The Invisible Heart: Economics and Family Values*(New Press, 2001).
- France, David. *How to Survive a Plague: The Story of How Activists and Scientists Tamed AIDS*(Alfred A. Knopf, 2016).
- Fraser, Nancy. *Fortunes of Feminism: From State-Managed Capitalism to Neoliberal Crisis*(Verso, 2013).
- Gibson-Graham, J. K. *The End of Capitalism (As We Knew It)* (Blackwell Publishers, 2006).
- Gilroy, Paul. *After Empire: Melancholia or ConvivialCulture?* (Routledge, 2004).
- Graziano, Valeria, et al. *Rebelling with Care. Exploring Open Technologies for Commoning Healthcare*(WeMake, 2019).
- Gunaratnam, Yasmin. *Death and the Migrant: Bodies, Borders and*

Care(Bloomsbury, 2003).

- Hakim, Jamie. *Work that Body: Male Bodies in Digital Culture* (Rowman&Littlefield International, 2019).

- Harvey, David. *Rebel Cities: From the Right to the City to the Urban Revolution*(Verso, 2013).

- Hill Collins, Patricia. *Black Feminist Thought: Knowledge, Consciousness, and the Politics of Empowerment*(Routledge, 2000).

- Himmelweit, Sue. 'The Discovery of "Unpaid Work": The Social Consequences of the Expansion of "Work" ', *Feminist Economics* 1 (2) (1995), p 1~19.

- Himmelweit, Sue. 'Care: Feminist Economic Theory and Policy Challenges', *Journal of Gender Studies Ochanomizu University* 16(2013), p. 1~18.

- Hochschild, Arlie. *The Outsourced Self: Intimate Life in Market Times*(Metropolitan Time, 2012).

- Hollway, Wendy. *The Capacity to Care: Gender and Ethical Subjectivity*(Routledge, 2006).

- Hudson, Bob. *The Failure of Privatised Adult Social Care in England: What Is to Be Done?*(CHPI, 2016).

- Klein, Naomi. *On Fire: The Burning Case for a Green New Deal* (Penguin, 2019).

- The LEAP Manifesto. leapmanifesto.org

- Lebron, Christopher J. *The Making of Black Lives Matter: A Brief History of an Idea*(Oxford University Press, 2017).

- Liu, Jingfang, and Phaedra Pezzullo (eds). *Green Communication and China: On Crisis, Care andGlobal Futures*(University of Michigan

Press, 2020).

- Littler, Jo. *Against Meritocracy: Culture, Power and Myths of Mobility*(Routledge, 2020).

- Lynch, Kathleen, John Baker and Maureen Lyons. *Affective Equality: Love, Care and Injustice*(Palgrave Macmillan, 2009).

- Moore, Jason and Raj Patel. *A History of the World in Seven Cheap Things*(Verso, 2019).

- Nava, Mica. *Visceral Cosmopolitanism: Gender, Culture and the Normalisation of Difference*(Berg, 2007).

- New Economics Foundation. *Co-operatives Unleashed*, neweconomics.org(2018).

- Parker, Rozsika. *Torn in Two: The Experience of Maternal Ambivalence*(Virago, 1995).

- Pettifor, Ann. *The Case for the Green New Deal*(Verso, 2019).

- Pirate Care Collective. *Pirate Care Syllabus*, syllabus.pirate.care(2020).

- Ratzka, Adolf. *Independent Living and Our Organizations: A Definition*, independentliving.org(1997).

- Raworth, Kate. *Doughnut Economics: Seven Ways to Think like a Twenty-First-Century Economist*(Oxford Academic, 2018).

- Razavi, Shahra and Silke Staab (eds). *Global Variations in the Political and Social Economy of Care: Worlds Apart*(Routledge, 2012).

- Roberts, Dorothy. *Killing the Black Body: Race, Reproduction and the Meaning of Liberty*(Vintage, 2000).

- Roseneil, Sasha and Shelley Budgeon. 'Cultures of Intimacy and Care Beyond the Family: Personal Life and Social Change in the Early Twenty- First Century', *Current Sociology* 52(2) (2004), p. 153~9.

- Rottenberg, Catherine. *The Rise of Neoliberal Feminism* (Oxford University Press, 2019).
- Rowbotham, Sheila, Lynne Segal and Hilary Wainwright. *Beyond the Fragments: Feminism and the Making of Socialism* (Merlin, 2010).
- Roy, Arundhati. 'The Pandemic Is a Portal', *YesMagazine*, 17 April.
- Sassen, Saskia. *Losing Control? Sovereignty in the Age of Globalization* (Columbia University Press, 2015).
- Segal, Julia. *The Trouble with Illness: How illness and Disability Affect Relationships* (Jessica Kingsley Publishers, 2017).
- Segal, Lynne. *Out of Time: The Pleasures and Perils of Ageing* (Verso, 2013).
- Segal, Lynne. *Radical Happiness: Moments of Collective Joy* (Verso, 2017).
- Shiva, Vandana. *Oneness vs the 1%: Shattering Illusions, Seeding Freedom* (New Internationalist, 2018).
- Skeggs, Beverley. 'What Everyone with Parents Is Likely to Face in the Future', *Sociological Review*, 29 March 2019, thesociologicalreview.com.
- Skeggs, Beverley. 'Values Beyond Value? Is Anything beyond the Logic of Capital?', *The British Journal of Sociology*, 65(1) (2014), p. 1~20.
- Srnicek, Nick. *Platform Capitalism* (Polity, 2016).
- Tronto, Joan. *Caring Democracy: Markets, Equality, and Justice* (New York University Press, 2013).
- Vitale, Alex S. *The End of Policing* (Verso, 2017).
- Weissman, David. *We Were Here* (Peccadillo Pictures, 2011).
- Weston, Kath. *Families We Choose: Lesbians, Gays, Kinship* (Columbia

University Press, 1991).

- White, Alan. *Shadow State: Inside the Secret Companies Who Run Britain*(OneWorld, 2016).
- Women's Budget Group. *Crises Collide: Women and Covid-19*, wbg.org.uk(2020).
- Yuval-Davis, Nira, Georgie Wemyss and Kathryn Cassidy. *Bordering* (Polity Press, 2019).

옮긴이의 글
'난잡한 돌봄'의 역설

《돌봄 선언*The Care Manifesto*》은 2017년부터 더 케어 컬렉티브라는 이름으로 뭉쳐 돌봄 문제와 돌봄 위기에 대해 공부하고 논의하던, 각기 다른 전공 분야에서 연구하고 활동하는 저자들이 공동 집필한 책이다. 《돌봄 선언》은 코로나 팬데믹을 통해 우리가 얻은 가장 큰 교훈은 우리는 어떤 형태든 돌봄에 의존하여 생존한다는 사실이라는 점을 강조하며, 상호의존은 인간의 존재 조건임을 주지시킨다. 저자들은 그동안 어떻게 우리가 의존성을 병적인 것으로 치부하고 개인적·사회적 돌봄 역량을 위축시켰는지를 드러내고, 이에 대한 책임을 신자유주의적 자본주의에 돌린다. 그리고 신자유주의의 바탕을 이루는 개인주의와 핵가족 개념을 넘어선 친족 구조의 확대, 지역 공동체 활성화, 복지국가 구축, 국가 간 상호협력, 환경보호 등을 자본의 흐름이 아닌 돌봄의 흐름을 통해 이루고 동시에 이를 통해 돌봄을 삶의 중심으로 되돌릴 것을 제안한다.

개인과 가족에서부터 지역사회, 정치와 경제구조, 국가, 전 지구적 차원을 차례차례 살피며 저자들은 "우리가 돌봄을 삶의 중심에 놓는다면" 가능한 세상의 모습을 구체적으로 보여준다. 그 세상은 페미니즘-퀴어-반인종차별주의-생태사회주의 비전에 그 기반을 둔다. 마치 그들이 설계하는 새로운 세상의 네 기둥과 같은 이 이론들을 관통하는 것은 경계 짓기와 본질화에 대한 거부다. 생물학적·사회적 성별의 구분, 성적 지향의 구분, 신체적 특징의 구분, 나와 타자의 구분, 인간과 비인간의 구분이 본질적인 다름으로 고착되어 상호의존이 아닌 배타와 착취-피착취가 관계를 규정하는 현대 사회에 대한 전면적이고 적극적인 저항을 돌봄 위기에 대한 근본적인 대응으로 제안한다.

그리고 이런 강고한 이론적 틀의 한가운데 심장처럼 놓인 단어는 역설적 외형으로 눈을 사로잡는 '난잡한 돌봄'이다(책에서도 거의 한가운데 위치해 있다).《돌봄 선언》은 우리가 많은 돌봄 요구를 너무 오랫동안 '시장'과 '가족'에 의존해 해결해왔다고 지적하면서 "그 의미의 범주가 훨씬 넓은 돌봄의 개념을 만들 필요가 있다"고 주장한다. 생각해보면 많은 경우 돌봄이 그 자체가 아닌 다른 감정들의 일부 또는 확장처럼 취급되는 것이 사실이다. 돌봄이 사랑, 효, 모·부성애 등의 개념과 결합되어 부당하게 그 방법과 내용이 정해지고 제한된다. 사회적으로 구분된 관계가 그 관계를 규정하는 감정으로 본질화되고 돌봄이 그 감정의 한 면으로 일축된 경우가 많다. 예를 들면 아이를 돌보는 일을 자식에 대한 부모의 사랑의 일부로 종속시켜 그것이 갖는 보편적인 사회적 윤리와 책임을 제거한다. 이런 규정이 부적절하다는 것은 빈번히 발생하는 가정 내 학대만 봐도 알 수 있다. '난잡함'은 돌봄에 대한 이런 부당한 이해를 근본적으로 거부한다.

저자들은 여러 사람과 성적 관계를 갖는 것을 의미하는 'promiscuity(난잡함)' 개념을 예술사학자이며 에이즈 인권활동가였던 더글러스 크림프의 유명한 에세이 〈전염병 중에 난잡할 수 있는 방법〉에서 가져왔다. 크림프는 정치제도, 보건의료제도, 제약회사, 미디어까지 에이즈 환자를 마치 질병의 원인인 듯 낙인찍는 구조화된 윤리의 왜곡을 드러냈다. 그리고 에이즈 유행의 원인 규명이 끝나기도 전에 그 발원을 게이들의 난잡함으로 지적하는 비난에 함의된 사회·문화적 편견에 대해 학문적 객관성을 근거로 반박한다. 크림프는 게이들의 '난잡함'을 서로의 안위를 배려하고 건강을 지키면서 친밀감을 나누는 다양한 실험적 관계 맺음을 가리키는 단어로 설명했다. 그래서 그 단어의 함의를 도덕적 해이가 아닌 안전한 쾌락, 돌보는 행위로 바꾸었다. 배타성을 통해 친밀감을 확인하는 전통적인 사랑의 관계, 또 그 관계와 연관된 특정한 행위를 넘어서는 개념인 동시에 이런 고정관념을 통해 만들어지는 동성애에 대한 편견을 비판하는 것이다. 그래서 크림프의 '난잡함'에서는 게이들이 에이즈라는 죽음의 위협과 그에 못지않게 위협적인 사회적 '탄압'에 굴하지 않고 그들의 정체성과 문화와 욕망을 지키려 한 저항의 의미까지 읽을 수 있다. 단어 자체의 의미를 뒤집으며 사회적 통념을 전복시킨다. '난잡함'이라는 단어는 그래서 엄청난 저항과 주체의식의 에너지를 담고 있다.

저자들이 이 단어를 빌려온 것은 바로 그런 전통적인 배타적 관계 맺음과 이를 사회구조로 본질화하고 돌봄과 같은 사회적 책임까지 특정한 관계의 소관으로 떠넘기는 "무관심이 지배하는" 세상에 저항하려면 크림프의 단어가

가진 에너지가 필요해서였을 것이다. 난잡한 돌봄은 특정한 관계를 넘어선다. 나와 얼마나 가까운 사이인지는 중요하지 않다. 돌봄은 어떤 관계 맺음의 결과로 생기는 마음이나 책임이 아니며, 오히려 돌봄으로써 새로운 관계가 만들어진다. 저자들은 "난잡한 돌봄이 가장 가까운 관계부터 가장 먼 관계에 이르기까지 돌봄의 관계를 재정립하며 증식해가는 윤리 원칙"이라고 설명한다. 돌봄을 주고받는 관계를 무한정 늘려가는 것이 곧 윤리적 실천이 되는 것이다. 돌봄은 특정한 관계의 깊이와 범주를 시험하는 감정이 아닌 누구에게나 잠재된 독립된 성향이고 감정이며 세상의 어떤 사람, 어떤 생물체에게나 열려 있다. 따라서 그 형식은 무한히 "실험적이고 확장적"일 수 있다. 우주의 모든 생물체가 상호의존을 통해 생존한다는 것을 고려하면 개인의 돌봄 역량은 결국 사회적 역량이기도 한 것이다.

《돌봄 선언》은 겹겹이, 층층이 무관심이 구조화된 세상에서 공허해진 돌봄을 이론적 깊이와 넓이가 있는 개념으로서, 개인과 사회의 역량으로서, 또 윤리적 실천으로서

그 견고한 실체를 재건해주었다. 무엇보다도 내게 새로이
다가온 돌봄의 의미는 지금 우리가 사는 세상에서의 돌봄
은 우리가 인간으로서 권리와 자격을 지킬 수 있는 가장
강력한 주체적 행위인 동시에, 이를 방해하는 모든 것에
대한 저항이라는 것이다.

돌봄 선언

초판 1쇄 발행 2021년 5월 25일
초판 5쇄 발행 2024년 11월 1일

지은이 더 케어 컬렉티브
옮긴이 정소영
펴낸이 이혜경

펴낸곳 니케북스
출판등록 2014년 4월 7일 제300-2014-102호
주소 서울시 종로구 새문안로 92 광화문 오피시아 1717호
전화 (02) 735-9515
팩스 (02) 6499-9518
전자우편 nikebooks@naver.com
블로그 blog.naver.com/nikebooks
페이스북 facebook.com/nikebooks
인스타그램 (니케북스) @nike_books (니케주니어) @nikebooks_junior

ISBN 979-11-89722-39-5 (03300)